予約が
取れない
レッスンプロ
が教える

ゴルフ1年生のための スイングの教科書

レッスンプロ
浦 大輔

KADOKAWA

はじめに

√d Golf Academy 浦大輔

こんにちは。√「d Golf Academy（ルートディーゴルフアカデミー）のゴルフインストラクター、浦大輔です。

これまでスタジオでレッスンをする傍ら、何冊かのゴルフ書籍を執筆・監修してきましたが、ゴルフ初心者のためのレッスン書に携わるのは、今回が初めてになります。

多くの人はゴルフを始めるとその楽しさの虜になり、その次の段階として誰もが「上手くなりたい」と思うわけですが、そんな人たちの上達のお役に立てればという思いで、いろいろアドバイスをさせていただきました。

本来ゴルフスイングというのは、「コレをやっていれば間違いない」という正解がなく、ゴルファーそれぞれにとっての正解が

あるのですが、世の中にあふれているレッスン書には、特定の人にとっての正解が書かれているものが多いような気がします。ですから、そこに書かれた正解が、読んだ人に合っていなければ、その人の上達につながるどころか、上達をストップさせてしまうことにもなりかねません。

そんなことにならないように、本書では、全てのゴルファーに当てはまることのみお伝えしています。

まずはここに書かれていることを信じて、練習に励んでください。初心者のみならず、なかなか初心者を脱することができない人や、コンスタントに100を切れない人にとってもお役に立てる内容になっているはず。「上手くなりたい」と思っている人は、ぜひご一読ください。

※本書は、右打ちの方を前提に説明しています。左打ちの方は左右を逆にして実践してください。

予約が取れないレッスンプロが教える
ゴルフ1年生のためのスイングの教科書

CONTENTS

STAFF
装丁・本文デザイン 三國創市（多聞堂）
執筆協力 真鍋雅彦
カバー写真 taka／PIXTA（ピクスタ）
校正 鷗来堂
編集 大澤政紀（KADOKAWA）
編集協力 城所大輔（多聞堂）
撮影 高橋賢勇
イラスト 庄司猛
撮影協力 √d Golf Academy

INTRODUCTION

基礎を学べるスイングの教科書

ゴルフ1年生が最速で上手くなるレッスン

大事なのは扱いづらいゴルフクラブの使い方

一般的に、初心者向けのゴルフレッスン書というのは、〝スイングにおける身体の使い方〟を重点的に説明しているものが多いのですが、本書では道具の話からスタート（PART1）しています。

その理由は、ゴルフはクラブの選び方、使い方が分かっていないと、上手くなるのはほぼ不可能だからです。しかもこのゴルフクラブというのが、他のスポーツで使う道具とは異なり、扱いにくい構造になっている他、形や長さが異なるものが数種類存在していて、それぞれに扱い方が異なるからです。

これだけゴルフクラブの種類が多いのは、長い年月を経る中で、「こうした方が扱いやすいんじゃないか」「こういう形にした方がもっと飛ぶんじゃないか」ということで進化を遂げてきた結果ですが、実際、昔のクラブ、それも十数年前のクラブと現在のクラブとでは、形も違うし、扱い方も大きく変わっています。そういう今どきのクラブの扱い方を理解していなければ、「スイングがどうのこうの」ということはいえないのです。

人によってスイングの正解は違う

道具の扱い方を知れば、ゴルフは確実に上達するし、その速度もアップしますが、道具のことを知らなければ、いつまで経っても上手くはならないと思ってください。

PART2では、スイングの〝超〟基本についてレッスンをします。「は

クラブを巧みに使えばナイスショットに！

ゴルフは道具を使うスポーツ。そのことを理解し、クラブの扱い方を知ること。そうすれば確実に上手くなるし、上達の速度も速くなる

じめに」でも述べたように、人によってスイングの〝正解〟は異なります。だから、例えば「スライスを抑えるためには、ダウンスイングで身体の開きを抑えるように」というアドバイスは、ある人には当てはまるかもしれませんが、人によってはトンチンカンな、もっといえばその人の上達を妨げるアドバイスになりかねません。

　その点、本書では、全ての人に共通することしか記していません。〝超基本〟と名付けたのは、そのためです。全て、「自分のためのレッスンだ」と思ってもらって結構です。

自分のスイングのクセを知ろう

　さらに、PART3では、自分にとっての正しいスイングを作るためのポイント、ドリルを紹介しています。

　ここでお伝えしたいのは、自分のクセを知ることが大事だということです。人それぞれに体格が違うだけでなく、ゴルフを始めるまでにやってきたスポーツが違うこともあって、正解に近づくアプローチも微妙に変わってきます。だから、まずは自分のクセを知ることから始める。そしてそれを正解に近づけていく。そうすることで、上達の速度は大幅にアップします。

　PART1～3をしっかり読んでいただければ、すでに初心者は卒業していると思いますが、「やっぱりゴルフは飛ばないとつまらない」「アプローチも上達してさらにスコアを縮めたい」という人のために、PART4、5でドライバーとアプローチのレッスン&ドリルを紹介しています。全てを読み終えたとき、アナタのゴルフは確実に進化しているはずです。

間違ったアドバイスは逆効果!

人によってスイングの正解は異なるもの。だから、レッスンの内容によってはその人の成長を妨げることにもなりかねない

スイングをマスターする

レッスンの流れ

PART 1 クラブの選び方

上達の鍵となるのがゴルフクラブの使い方。クラブの使い方、選び方が分かっていないと正しいスイングは作れず、上達スピードも上がらない。

PART 2 スイングの超基本

人それぞれでスイングの正解は異なるが、全てのゴルファーに共通するスイングのコツがある。このコツだけでも覚えれば、初心者は脱出できる。

PART 3 最速上達スイング作り

スイングを身につけるとき、身体の使い方を重要視してはいけない。ゴルフはボールを打つスポーツ。最速で上達するためにはボールを叩くことから始めるのが正解。

PART 4 飛ばしを生むドライバー

ゴルフの醍醐味である「飛ばし」。誰もが憧れる300ヤード超えのドライバーショット術を身につけるための、浦大輔流の飛ばしのヒントを伝授。

PART 5 スコアを作るアプローチ

ゴルフはスコアを作る競技。スコアメイクはアプローチにかかっている。アプローチショットのイメージをつかんだり距離を打ち分けられるようにしよう。

ゴルフ用語集

ゴルファーなら知っておくべきゴルフ専門用語を紹介。

【ア】

アイアン
ヘッドが金属でできている中距離用のクラブ。ロングアイアン(3、4番)、ミドルアイアン(5～7番)、ショートアイアン(8、9番)に分かれているが、最近の一般的なセットは5～9番アイアンで構成されている。

アウト
全18ホールのうち、1～9番ホールを指す。10～18番はイン。

アウトオブバウンズ（OB）
プレー禁止区域のこと。一般的にはOB(Out of Boundsの略)と呼ばれる。白杭や白線で境界線を表示してあり、境界線を越えた場合は1打罰で打ち直しとなる。

アウトサイドイン
クラブヘッドが外側から内側に入る軌道になること。

アッパーブロー
ヘッドがスイング軌道の最下点を過ぎ、フェースがやや上向きになったところでボールを打つこと。

アップライト
スイングの際、腕とクラブによって描かれる面が、地面に対し垂直に近くなること。傾きが大きいときは「フラット」という。

アドレス
ボールを打つ体勢に入ること。

アプローチ
グリーン周辺から打つ短いショット。

アベレージゴルファー
平均的なゴルファーのこと。平均スコアが90～100前後。

アルバトロス
パーより、3打少なくホールアウトすること。別名ダブルイーグル。

アンジュレーション
コース内の起伏のこと。

イーグル
規定打数のパーより、2打少なくホールアウトすること。

イーブンパー
合計打数がコースの基準打数と同じであること。

インサイドアウト
クラブヘッドが内側から外側に抜ける軌道になること。

インターロッキング（グリップ）
グリップの種類のひとつで、右手の小指と左手の人差し指が絡む形のグリップ。

インパクト
フェースにボールが当たる瞬間。

ウィークグリップ
基準のグリップ(スクエアグリップ)に比べ、右打ちの場合、左手の甲がやや下、右手の甲がやや上を向く握り方。

ウェッジ
クラブのロフト角が大きいアイアン。ピッチングウェッジ(PW)、サンドウェッジ(SW)、アプローチウェッジ(AW)などがあるが、最近はPWをここに含まず、ロフト角50～60度をウェッジと呼んでいる。

打ち上げ
ボールの目標地点が打つ場所よりも高いコース形状のこと。

打ち下ろし
ボールの目標地点が打つ場所よりも低いコース形状のこと。

エッジ
グリーンのふち。また、クラブフェースとソールの接するところをリーディングエッジという。

オーケー（OK）
マッチプレーで、相手プレーヤーのパットの省略を許可するときに使う。プライベートゴルフでも、「絶対に入る距離だから、打たなくていいよ」というとき、「OK」という。

オーバースイング
トップでの振り過ぎ。

オーバードライブ
ショートホール以外で、ティーショットを先に打った人より遠くに飛ばすこと。

オーバーパー
パーより多い打数でラウンドすること。

オーバーラッピング（グリップ）
グリップの種類のひとつで、右手の小指を左手の人差し指に乗せる方法。

オープンスタンス
スタンス(足の位置)が、目標に対して開いた形になること。

オープンフェース
フェースが目標よりも右を向いていること。

オナー
最初にティーショットを打つ人。直前のホールを最も良いスコアでホールアウトした人がその権利を持つ。

【カ】

カート
キャディーバッグなどを運ぶための車。カートが通る道のことを「カート道」という。

カップ
グリーン上に設置された穴。「ホール」ともいう。

カラー
グリーン周りの芝が短く刈ってある部分。グリーンには含まれない。

ガードバンカー
グリーン周りに設置されたバンカー。

キャディー
プレー中にプレーヤーのクラブを持ち運ぶ他、アドバイスなどの援助をする人。

キャビティアイアン
フェースの反対側が虫歯のようにくぼんでいる形状のアイアン。

キャリー
打ったボールが地面に落ちるまでの飛行距離のこと。転がってから止まる距離をランといい、飛距離はキャリー＋ランのこと。

クラブフェース
クラブヘッドの打球面のこと。「フェース面」という使い方をすることもある。

クラブレングス
クラブの長さ。

クリーク
コース内にある小川のこと。または、5番ウッドを指す。小川は「creek」、5番ウッドは「cleek」。

クローズドスタンス
スタンス（足の位置）が、目標に対して閉じた形になること。

クロスバンカー
ジェネラルエリア内のフェアウェイに突き出たり、フェアウェイを横切る位置に配置されたバンカー。

グリーン
カップ周辺の、芝を短く刈って整備された部分。正式名称は「パッティンググリーン」。

グリーンフォーク
ボールが落下してできたグリーン上の損傷（ピッチマーク）を修理する道具。

グリップ
クラブの握る部分。または、その握り方。

グローブ
グリップが滑らないように使う手袋。通常、右打ちの人は左手にはめるが、最近は両手にはめる人もいる。

コースマネジメント
コースのレイアウトやその日のコンディション、自分の腕前などから、攻め方を考えること。

【サ】

サブグリーン
グリーンが2つあるホールで、その日に使われないグリーンのこと。

サンドウェッジ（SW）
バンカーからボールを出しやすいように設計されたウェッジ。

ザックリ
ボールの手前を打ってしまうこと。

暫定球
打球の行方が確認できないときに暫定的に打つボールのこと。最初のボールが見つかれば、最初のボールでプレーを継続する。また暫定球を打つ場合は、同伴競技者に宣言する。

芝目
グリーン上の芝の伸び方。または伸びた向き。カップの方に向いていることを順目、ボールの方に向いていることを逆目という。

シャフト
クラブの柄の部分。主にスチール製とカーボン製とがある。

シャフトプレーン
アドレス時にできるシャフトの傾きを基準にした平面。

シャットフェース
通常よりクラブフェースを被せて（閉じて）構えること。

シャローフェース
クラブヘッドの厚みが薄い（高さが低い）クラブ。主にウッド系のクラブで使う。

シャンク
ボールがネックに当たって右に飛び出す現象。

ショートコース
本コースとは異なり、パー3のホールを中心に構成されるコース。

ジェネラルエリア
ティーイングエリア、バンカー、グリーン、ペナルティエリア、OBを除く全エリアのこと。以前は「スルーザグリーン」と呼ばれていた。

スイートスポット
フェース面で、ボールが当たったときに最も遠くへ、真っ直ぐ飛ぶ点。芯。

スイープ
ボールを掃くように打つこと。

スイングアーク
スイングでクラブヘッドが描く円の軌道。

スイングプレーン
スイングしたときクラブヘッドが通る平面。

スエー
スイング中に身体が左右にぶれること。和製英語で、正しくは「スライド」。

スクエア
もともと四角、直角という意味だが、ゴルフではフェースの向きやスタンスが、飛球線に対して真っ直ぐなときに使う。

スクエアグリップ
基本的なグリップで、右打ちの場合、左手の甲が目標に向かって真っ直ぐになる。

スクエアスタンス
スタンス（足の位置）が、目標に対して真っ直ぐになっていること。

スコアメイク
戦略を練ってスコアをアップすること。

スコアライン
クラブフェースに刻まれた溝。「スコアリング」「マーキング」ともいう。

スタンス
ボールを打つ際の足の置き方。

スティッフ
シャフトの硬さの尺度。硬いものをスティッフ（S）、さらに硬いものをエクストラ・スティッフ（X）、標準的なものをレギュラー（R）と表示する。ただしその基準は、クラブメーカーによって異なる。

ストローク
ボールを打つ意思を持ってクラブを振る行為。打つ意思があれば、空振りでもストロークになる。
ストロークプレー
ラウンドをトータルの打数で勝敗を競うプレー方式。
ストロンググリップ
グリップの一種で、右打ちの場合、左手の甲がやや上を向き、右手の甲が下を向く握り方。「フックグリップ」ともいう。
スネークライン
グリーン上で、右や左にくねくねと曲がるライン。
スパイクレスシューズ
ゴルフシューズの底に滑り止めのスパイクが付いていないもの。
スピン
ボールの回転。
スプリットハンドグリップ
左右の手を離して握ること。
スライス
右打ちの人は右へ、左打ちの人は左へ曲がってしまうショット。
スライスライン
グリーン上で、ボールが左から右に曲がっていくライン。
スリークォータースイング
フルスイングの4分の3程度のスイング幅で打つこと。

セットアップ
アドレスをして、スイングを始める状態。
セミラフ
フェアウェイとラフの間にあるエリアで、芝がラフより短く、フェアウェイより長い。
セルフプレー
キャディーを伴わず、プレーヤーだけでラウンドすること。
ソール
クラブヘッドの底面。ボールを打つときに、クラブ底面を地面に付ける行為をソールするという。
ソフトスパイク
シューズの底にプラスチック製の滑り止めを付けたスパイク。

【タ】

ターフ
芝生。ショットのとき、ボールの前の芝生を削り取ることを「ターフを取る」という。
タッチ
パットの距離や方向の感覚。思い通りに転がせたとき「タッチが合う」という。
ダウンスイング
スイングで、トップから振り下ろす段階を指す。
ダウンブロー
クラブヘッドが最下点にくる前にボールをヒットする打ち方。
ダフリ
ボールの手前を打ってしまうこと。「ダフる」という言い方もする。

ダブルパー
パーの2倍の打数でホールアウトすること。
ダブルボギー
パーより、2打多い打数でホールアウトすること。
チーピン
打ち出したボールが急角度で左に曲がるミスショットのこと。
チップイン
グリーン周りからアプローチしたボールが、直接カップに入ること。
チップショット
ボールを低く飛ばすこと。主にアプローチで使う。
チャックリ
グリーン周りのアプローチで、地面を叩き大きくショートしてしまうミス。
チョロ
ボールの上を打ち、少ししか飛ばないミスショット。
つかまり（つかまる）
ボールがフェースにしっかり乗ること。正しいロフト角でボールがフェースに当たっている状態。
ツマ先上がり
足の位置よりボールの位置が高い状態。
ツマ先下がり
足の位置よりボールの位置が低い状態。
ティーアップ
ボールをティーの上に乗せること。

ティーマーク／ティーマーカー
ティーショットを打つ場所を示す、色の付いた2つの目印。
テークバック
バックスイングの際、クラブを後方に振り上げる動作のこと。
テンフィンガーグリップ
10本の指でクラブを握ること。
テンプラ
ボールが高く上がるミスショット。
ディボット
ショットの際に削り取られた芝のこと。削り取られた後にできた穴は「ディボット跡」。
トゥ
クラブヘッドの先端部分。
特設ティー
第1打がOBや池に落ちた場合のために設けられたティーイングエリア。
トップ
ヘッドのリーディングエッジでボールの赤道部分を打つこと。
トップオブスイング
バックスイングでクラブを上げ切ったところ。略して「トップ」ということの方が多い。
トリプルボギー
パーより、3打多い打数でホールアウトすること。
ドッグレッグ
フェアウェイが犬の足のように左右に曲がっているホールのこと。

ドローボール
右打ちの場合、ボールが落下する地点近くで右から左に曲がること。右に曲がるのは「フェード」。

【ハ】

ハーフウェイダウン
ダウンスイングでクラブが地面と平行になるポジション。

ハーフウェイバック
バックスイングでクラブが地面と平行になるポジション。

ハーフショット
手を肩の高さより上げないスイング。振り幅は、時計の針で正面から見て9～3時。

花道
フェアウェイとグリーンを結ぶ場所。

ハンドアップ／ハンドダウン
構えたとき、グリップの位置を高くすること。低くするときは「ハンドダウン」。

ハンドファースト
アドレスやインパクト時にグリップの位置がボールより前に出た状態。「ハンドファーストで構える」「ハンドファーストでボールを捉える」などの使い方をする。

バーディー
パーより、1打少ない打数でホールアウトすること。

バックスイング
クラブを後方に上げる動作のこと。

バックスピン
逆回転。基本的にショットを打つと逆回転がかかり、着地してからのボールの転がりも少なくなる。逆回転が強くかかると戻ってくることも。また、逆回転がかかると、ボールが高く上がる。

バンカー
障害物のひとつで、砂でできた窪地のこと。

バンス（バウンス）
サンドウェッジのソールの膨らみ。

番手
ゴルフクラブの種類を数字で表したもの。基本的に、番手の数字が小さいほどクラブのシャフトが長く、ロフト角が小さくなり、飛距離が出る。

パー
ホールの基準打数のこと。基準打数通りにホールアウトすることも「パー」という。

パーオン
2パットでパーとなる打数でグリーンに乗ること。パー4の場合は、2オンすればパーオンとなる。

パームグリップ
グリップの握り方で、手のひらで握ること。

パッティング（パット）
グリーン上のボールを、カップを目指して打つこと。

ヒール
ヘッドのシャフト側部分。

ビジター
コースのメンバーではない、一般のプレーヤーのこと。

ピッチエンドラン
アプローチで、ボールを上げてから転がす寄せ方。

ピッチショット
アプローチで、ボールを上げてから、バックスピンを利用して止める寄せ方。

ピッチマーク
グリーンに直接ボールが落下したときにできる窪み。

ピッチングウェッジ（PW）
9番アイアンとウェッジの間のクラブ。ウェッジという名前が付いているが、最近は、ショートアイアンのひとつと考えられるようになった。

ピン
カップに差す目印の旗。ピンの位置のことを「ピンポジション」という。

ヒンジ
ちょうつがい（蝶番）のことで、ゴルフでは手首を折ることをヒンジという。

フィニッシュ
スイングをし終わった状態。または、ホールアウトしたときも「フィニッシュ」という。

フィンガーグリップ
グリップの握り方で、指で握ること。

フェアウェイ
ティーイングエリアとグリーンとの間の、芝がきれいに刈り込まれている場所。

フェアウェイウッド（FW）
ウッド系のクラブで、3番ウッド（スプーン）、5番ウッド（クリーク）などがある。

フェアウェイバンカー
ジェネラルエリア内のグリーン周辺ではない位置に配置されたバンカー。

フェース
クラブヘッドのボールが当たる場所。

フェースコントロール
フェースの向きを把握すること。

フェードボール
右打ちの場合、ボールが落下する地点近くで左から右に曲がること。左に曲がるのは「ドロー」。

フォア（ファー）
ボールが曲がったときに、隣のコースのプレーヤーに注意を促すかけ声。

フォロー
追い風。

フォロースルー
インパクトの後から、フィニッシュまで。

フック
右打ちの人は左へ、左打ちの人は右へ曲がるショット。

フックグリップ
グリップの一種で、スクエアグリップに比べ、左手の甲が少し上を向き、右手をやや下から握る方法。

フックライン
グリーン上で右から左に曲がるライン。

プッシュアウト
インサイドアウトの軌道でボールが右方向（右打ちの場合）に打ち出されること。

プリショットルーティン
ショットの構えに入る前までの一連の動作。略して「ルーティン」ともいう。

プレーファスト
スピーディーにプレーすること。ゴルフ場で守るべきマナーのひとつ。

ヘッド
クラブの先端にある、ボールを打つ部分。

ヘッドアップ
スイングの途中で頭が上がること。

ヘッドスピード
クラブヘッドの速度。インパクト付近で測定する。単位はm／s（メートル毎秒）。

ベアグラウンド
芝がなく、地面がむき出しになっているエリア。

ベースボールグリップ
クラブを10本の指で握る握り方。

ベタピン
ボールがピンの近くに止まること。

ペナルティ
ルール違反により、罰則としてスコアに打数を加えること。

砲台グリーン
グリーン全体が周囲より高く造られたグリーン。

ホール
グリーン上のボールを入れる穴。または、コース内のティーイングエリアからカップまでのプレーする区域。コースは基本的に18ホールで構成されている。

ホールアウト
ボールをカップに入れて、そのホールでの競技を終えること。18ホールを終えたときも「ホールアウト」という。

ボールマーカー
ボールの位置を明確にする目印。グリーンにボールが乗ったらボールの後ろにこれを置く。

ボールマーク
ボールが落下したときにできるグリーンの損傷。

ボギー
パーより、1打多い打数でホールアウトすること。

【マ】

マーク
ボールを拾い上げる際に、ボールのあった場所に印をつけること。目印を置くことを「マークする」という。

目玉
バンカーでボールが砂にめりこみ、目のようになっている状態。

【ヤ】

ヤーデージ
ホールやコースの長さをヤード単位で表した数字。

ユーティリティクラブ（UT）
ウッドの飛距離とアイアンのコントロール性を兼ね備えたクラブ。ウッドタイプのものとアイアンタイプのものがある。

【ラ】

ライ
ボールの静止した位置や、その周辺の状態のこと。「ライが悪い」「ツマ先上がりのライ」などの使い方をする。

ライ角
クラブヘッドのソールを地上に置いた時、シャフトと水平面との間にできる角度のこと。

ライン
グリーン上のボールがカップまで転がる軌道のこと。また、ショットを打つ際に、方向性を示す意味で「ラインを出す」という言い方をすることもある。

ラフ
芝が長いエリア。

ラン
打ったボールが地面に落ちてから転がる距離のこと。

ランニングアプローチ
アプローチで、ボールを転がしてピンに近付ける打法。

リーディングエッジ
フェースとソールとの境目の部分。

リシャフト
クラブのシャフトを交換すること。

リスト
手首。

リストターン
手首を返すこと。

レイアップ
グリーンまで距離があるとき、あえて短い距離を打つこと。「刻む」ともいう。

レギュラーティー
一般プレーヤー用のティーイングエリアのこと。一般的に、白色のティーマーカーが置かれている。

ロストボール
紛失球のこと。ボールを探し始めてから3分以内に見つからない、またはプレーヤーが自分のボールであると確認できない場合はロストボールとなる。

ロフト角
クラブフェースの傾斜角度。

ロブショット
柔らかくて高いボールを打つショット。

ロングパター
シャフトが長いパターのこと。長尺パターともいう。

【ワ】

ワッグル
アドレスに入った後、ボールを打つ前にクラブヘッドを軽く前後に振るなどの動作。バックスイングに入る前の準備動作のようなもので、身体の緊張をほぐし、スムーズなスイングにつながる。

ワンオン
1打目でボールがグリーンに乗ること。主にパー3のホールで使われるが、パー4のホールでも出ることがある。

PART

1

クラブの選び方

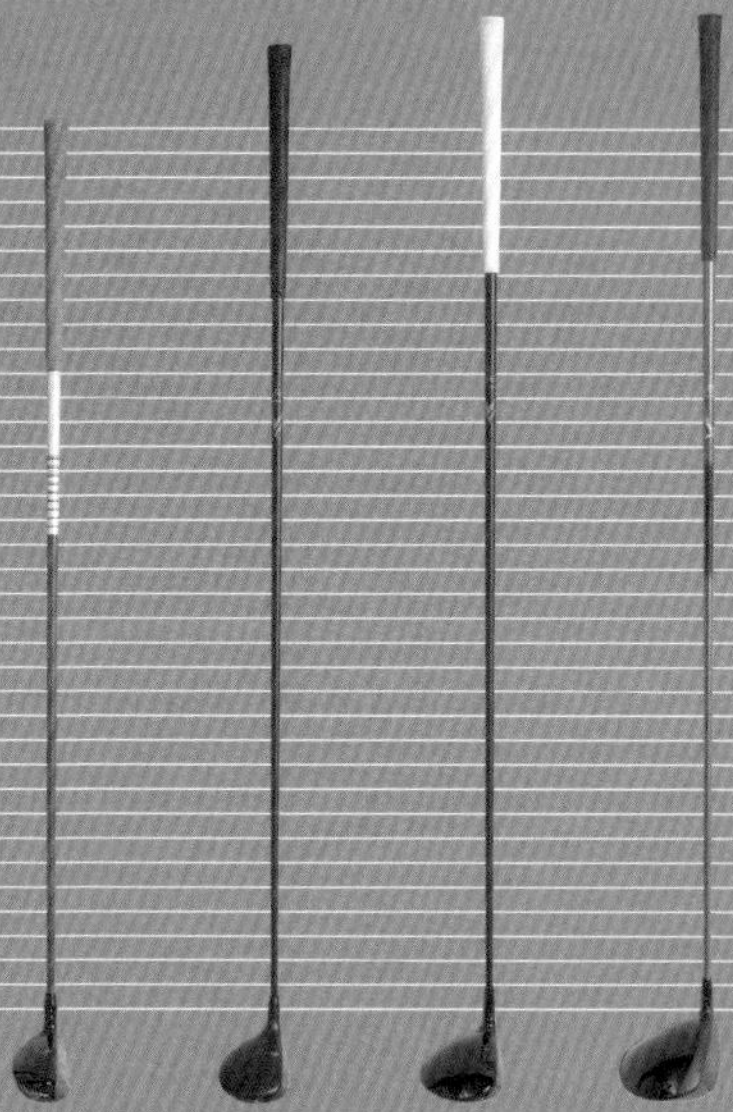

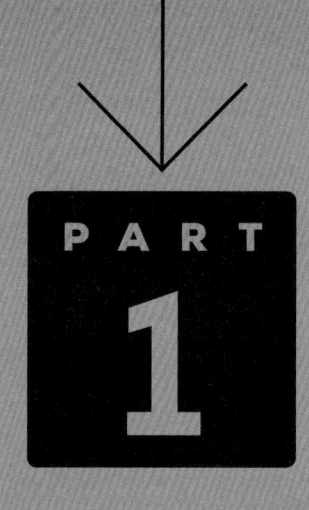

ゴルフはクラブを使う競技 そのことを忘れてはいけない

ゴルフというスポーツがどんなスポーツかを知ろう

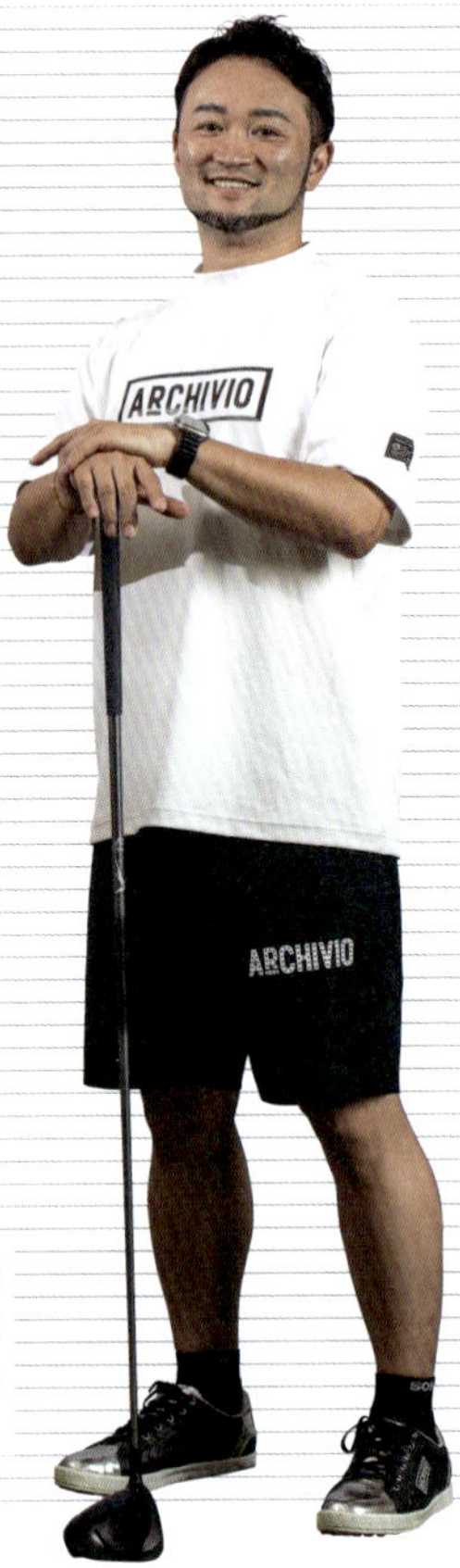

身体の動かし方を考える前に、道具の特性を知ることから始めよう

ゴルフはクラブが主役

ゴルフというスポーツを始めるとき、また、ゴルフを始めて、もっと上手くなりたいと思ったとき、まず考えて欲しいのが、ゴルフはクラブという道具を使うスポーツで、そのクラブを上手く扱えなければ上達しないということです。

道具を使うスポーツは他にもたくさんありますが、ゴルフクラブは、手に持つ棒の先に重心がない〝偏重心〟という厄介なもので、なかなかいうことを聞いてくれません。また、

OK

クラブを効率良く使う

どうすればクラブがいうことを聞いてくれるか。それを突き詰めれば、スイングも自然とできあがってくる

OK

スイングが個性的でも当たれば飛ぶ

ゴルファーの多くがスイングの動きばかりを気にするが、どんなスイングでも芯に当たれば飛ぶことを知っておこう

湔MEMO

レッスンに行くと上達は早くなる

自分のスイングは、自分では分かりにくいもの。だから、上手くなりたいと思ったら、プロのコーチ（インストラクター）のレッスンを受けることをオススメします。いいレッスンプロに出会ったら、ゴルフは確実に上手くなります

クラブに関しても1種類ではなく、形、長さ、重さの違うものが何種類もあり、それぞれに扱い方が変わってきます。

だから最初に、それらの道具たちをどのように扱ってあげればいいかを考えましょう。

それが分かってくれば、身体の使い方も次第に見えてきます。繰り返しになりますが、「どのように身体を使うか」ではなく、「どのようにクラブを扱うか」が大事なのです。

クラブの形状

クラブの形状とそれぞれの名称を知っておこう

ゴルフクラブの形状

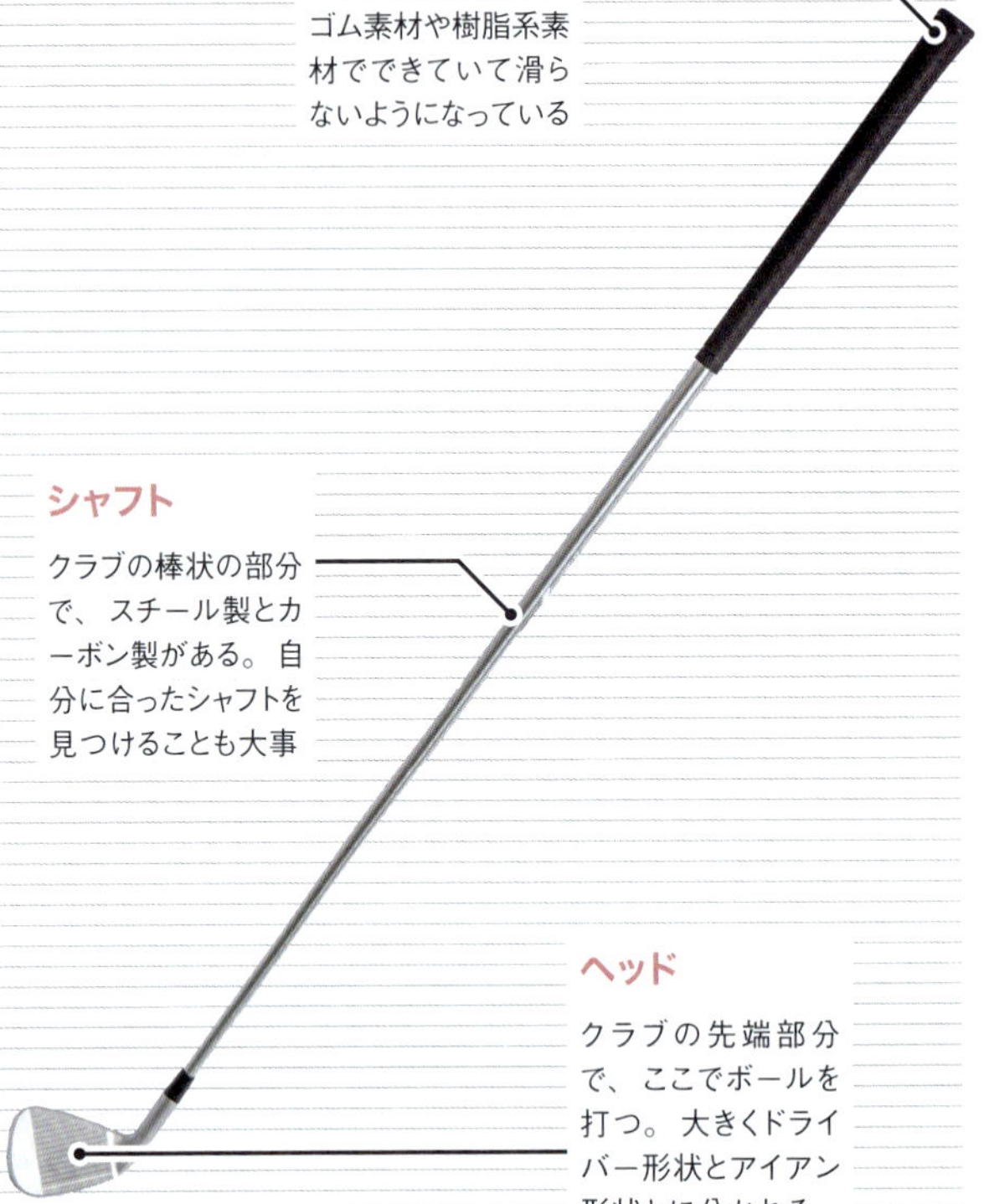
グリップ
クラブを握る部分。ゴム素材や樹脂系素材でできていて滑らないようになっている
シャフト
クラブの棒状の部分で、スチール製とカーボン製がある。自分に合ったシャフトを見つけることも大事
ヘッド
クラブの先端部分で、ここでボールを打つ。大きくドライバー形状とアイアン形状とに分かれる

名称を覚えるのが上達の第一歩

クラブを上手く扱うためにも、クラブの形状とその名称を知っておきましょう。

というのも、クラブのセッティングを決めるときや、クラブの調整をする場合、これらの用語が頭に入っていないと、理解できないからです。また、「フェース面のここを使うとこうなる」といったようなアドバイスもこれから出てきます。そのためにも、最低限の名称は頭に入れておいてください。

ヘッドの形状

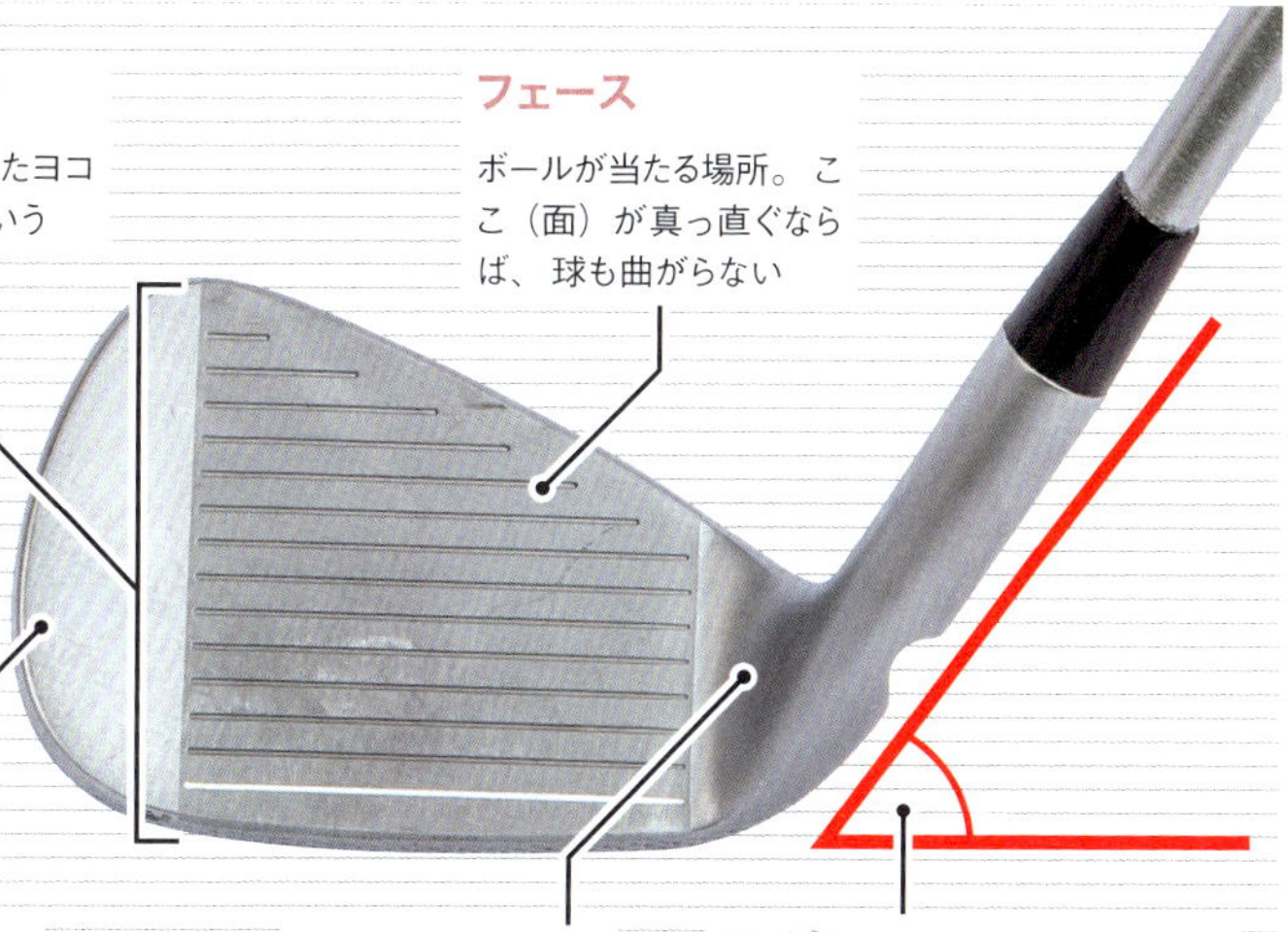

スコアライン
フェースに刻まれたヨコ線。「溝」ともいう

フェース
ボールが当たる場所。ここ（面）が真っ直ぐならば、球も曲がらない

トゥ
ヘッドの先端側

ヒール
ヘッドの根元側

ライ角
ソールを地面に置いたときに、シャフトと水平面との間にできる角度

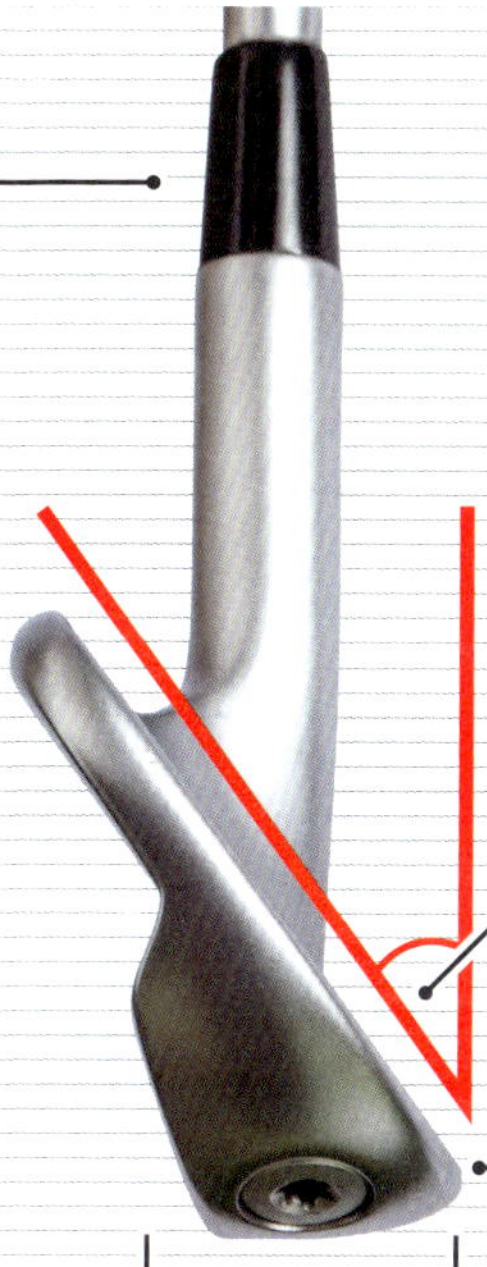

ネック
シャフトとヘッドをつないでいる部分。

ロフト角
フェースの傾斜角度。単に「ロフト」ともいう

ソール
ヘッドの底の部分

リーディングエッジ
ソールとフェースとの境目の部分

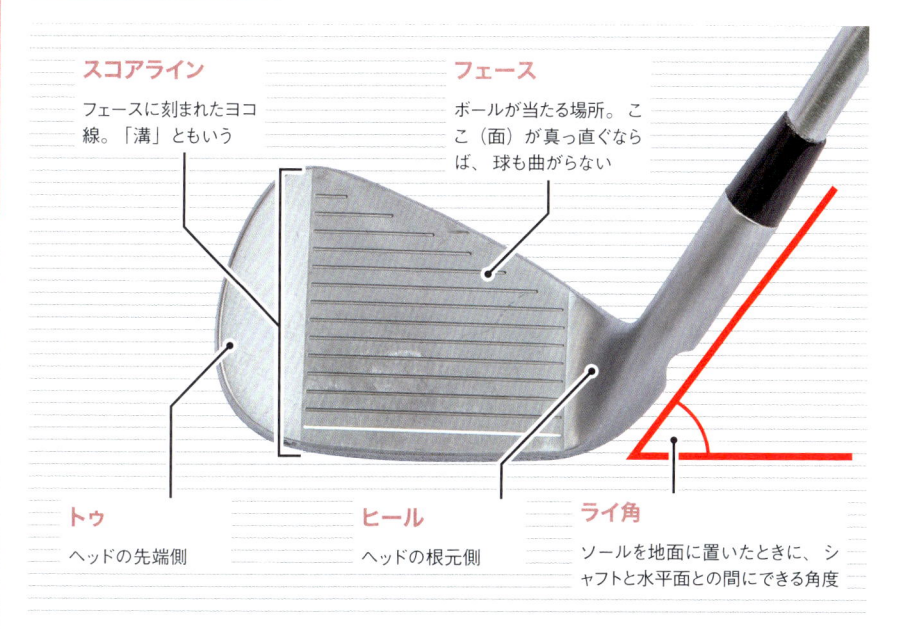

クラブセッティングの基準とキャリーメモ

UT
ユーティリティ

FW
フェアウェイウッド

1W
ドライバー

ドライバーとアイアンの間を埋めるクラブ。FWは3〜4種類、UTも3〜4種類ある

クラブの中でも最も飛距離の出るクラブ。「1番ウッド」ともいう

飛距離の差を埋めることが大事

クラブに関しては、ラウンドで使える本数が14本と決まっています。パターはマストなので、残り13本をどのように組み合わせるか（これをセッティングといいます）が重要になってきます。

選ぶ際の基準となるのが、各クラブのキャリー（ボールが地面に落ちるまでの距離）。セッティングを決めるときは、21ページのキャリーメモを作成して、各クラブのキャリー差を埋められる組み合わせを考えましょう。

AW・SW・LW
ウェッジ

5I〜PW
アイアン〜ピッチングウェッジ

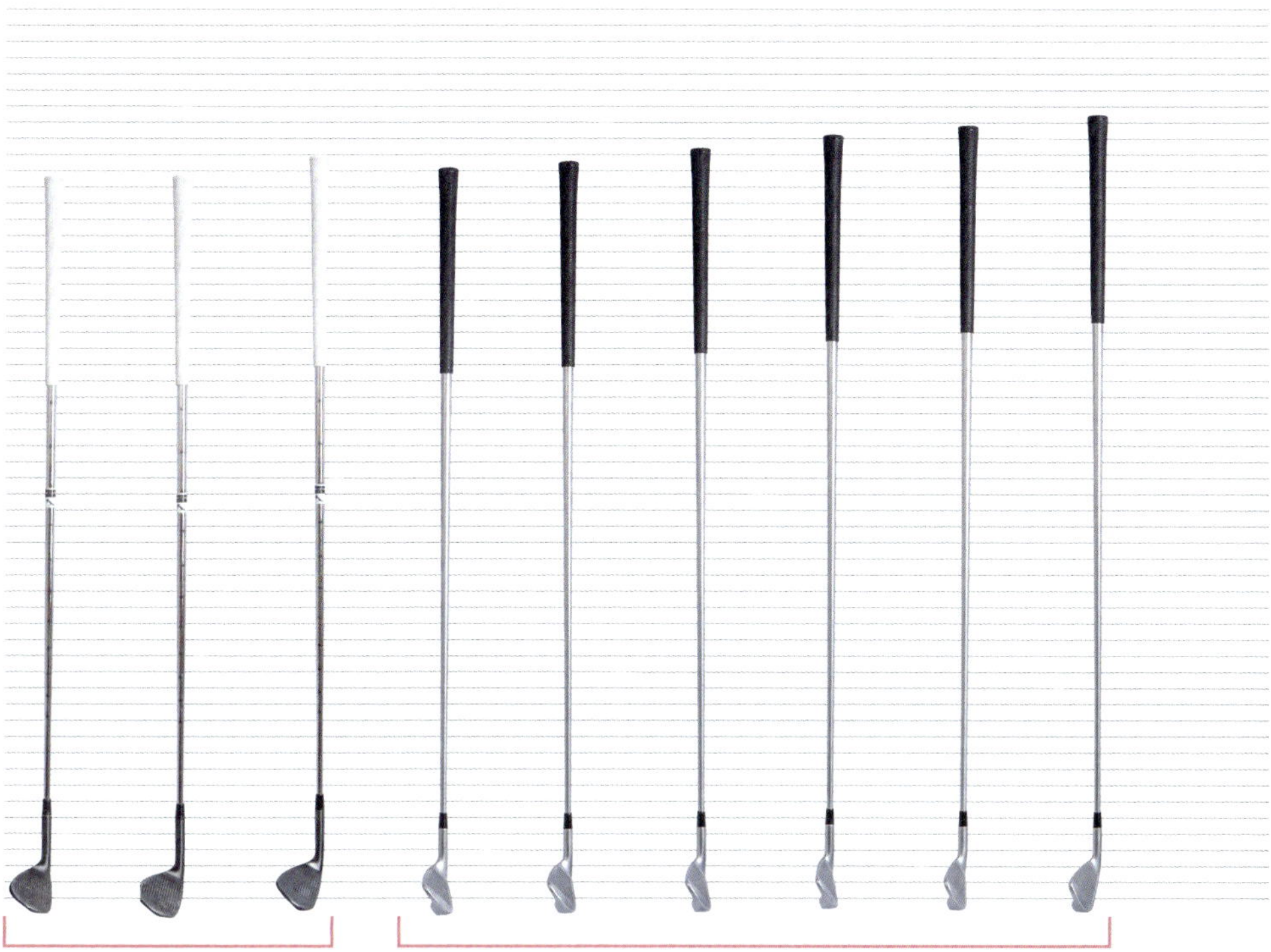

100ヤード以内で使うロフト角が大きいクラブ。最近は3本が主流

グリーンを狙うクラブ。現在は、5〜9番アイアンとPWという6本セットが一般的になっている

クラブの飛距離が分かるキャリーメモ

1W (10.5度) ドライバー	3W (15度) スプーン	5W (18度) クリーク	UT (19度) ユーティリティ	UT (21度) ユーティリティ	5I (25度) 5番アイアン	6I (28度) 6番アイアン
250y	230y	210y	200y	190y	170y	160y

7I (32度) 7番アイアン	8I (36度) 8番アイアン	9I (41度) 9番アイアン	PW (46度) ピッチングウェッジ	AW (52度) アプローチウェッジ	SW (56度) サンドウェッジ	LW (62度) ロブウェッジ
150y	140y	130y	110y	100y	80y	60y

※各番手の飛距離の一例。各クラブの角度の数値はロフト角の例

クラブの試打は最低3回。購入後はライ角調整を

クラブ購入時の試打は最低3回！

クラブはライ角が命

クラブを上手く扱うには、自分に合うクラブを見つけることが大事になってきます。では、どうすればベストマッチのクラブが見つかるのでしょうか。まず、試打は必ず3回以上やるように。というのも、初心者～中級者が1、2回の試打で、ナイスショットが出ることは稀だからです。その3回以上の試打に関しても、何球か打って、ナイスショットのデータだけを記録。最も平均値の高かったクラブを購入しましょう。

購入後は必ずライ角調整をする

購入後は最初に練習場へ行き、全てのクラブを打ち、どの番手が一番気持ち良く打てるかを確認します。

その後、全クラブを持ってクラブの調整をしてくれるクラフトショップに行き、ライ角を「気持ち良く打てたクラブ」に合わせてもらいましょう。ライ角が合っていないと、全クラブを同じように扱えないのですが、新品でも揃っていないことが多いからです。ライ角を揃えるだけで、上達速度が大幅にアップします。

浦MEMO

セットで揃えるときのポイントは？

セットで揃える際は、ドライバーとPWの飛距離を基準にしましょう。まずは下から選んでいきます。PWが何度で何ヤード飛ぶから、ウェッジは何度にするといったように。次に、ドライバーからPWまでの飛距離を埋めるクラブを選びましょう

球の行方はフェースの向き、軌道、インパクトロフトで決まる

インパクトロフトによって高さが決まる

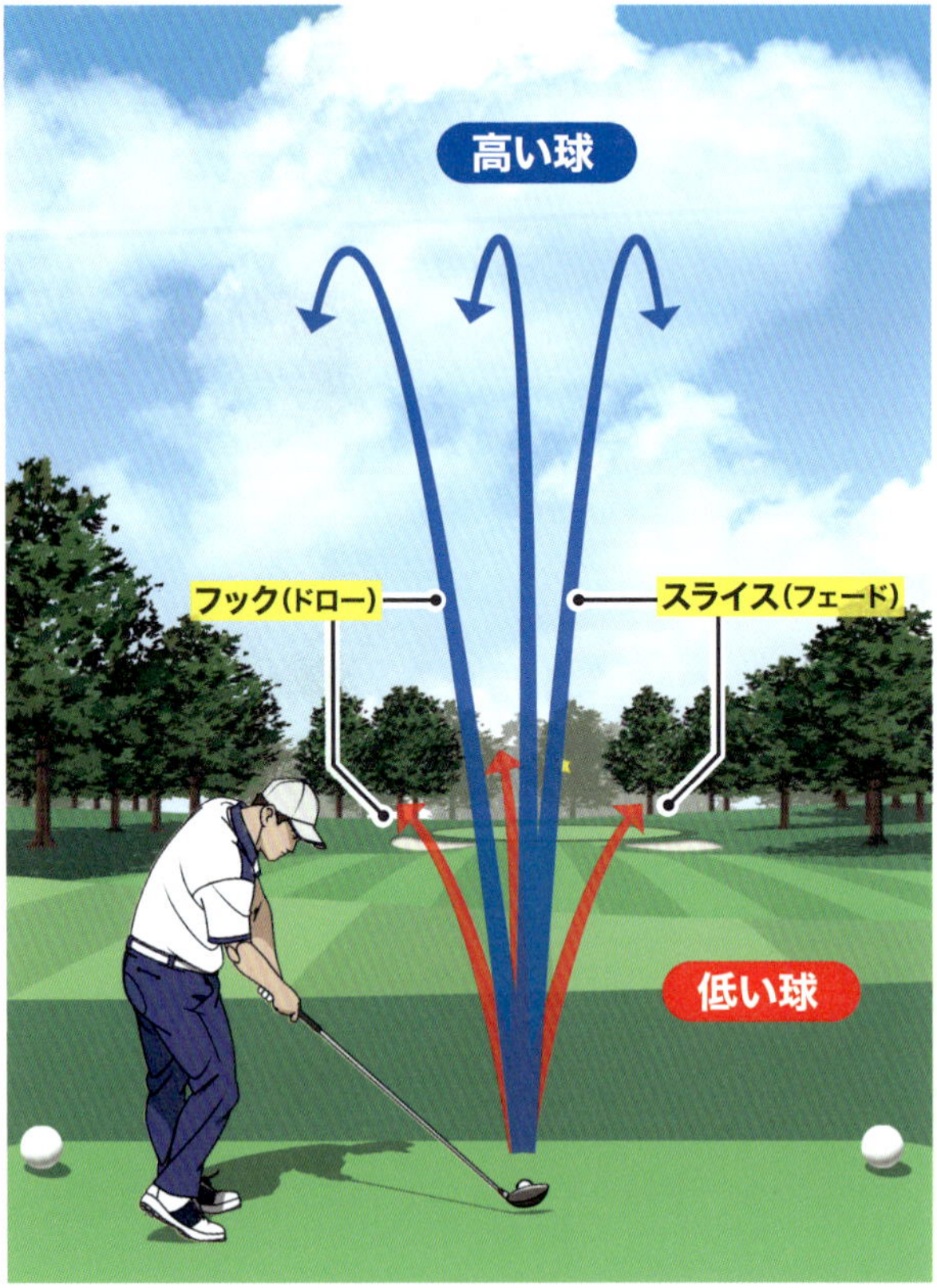
高い球
フック（ドロー）
スライス（フェード）
低い球

まずはクラブの動きを知る

ミスショットをしたとき、「今のはどこが悪かったんだろう」と考え、身体の動きを直そうとする人がいます。しかし、まず考えるべきは、当たる瞬間のヘッドの形&動きです。

具体的にいうと、フェースの向きが真っ直ぐだったのか（ストレート）、右を向いていたのか（オープン）、左を向いていたのか（クローズ）。軌道がインサイドインだったのか、アウトサイドインだったのか、インサイドアウトだったのか。さらに、ロフ

フェースの向きと軌道によって方向が決まる

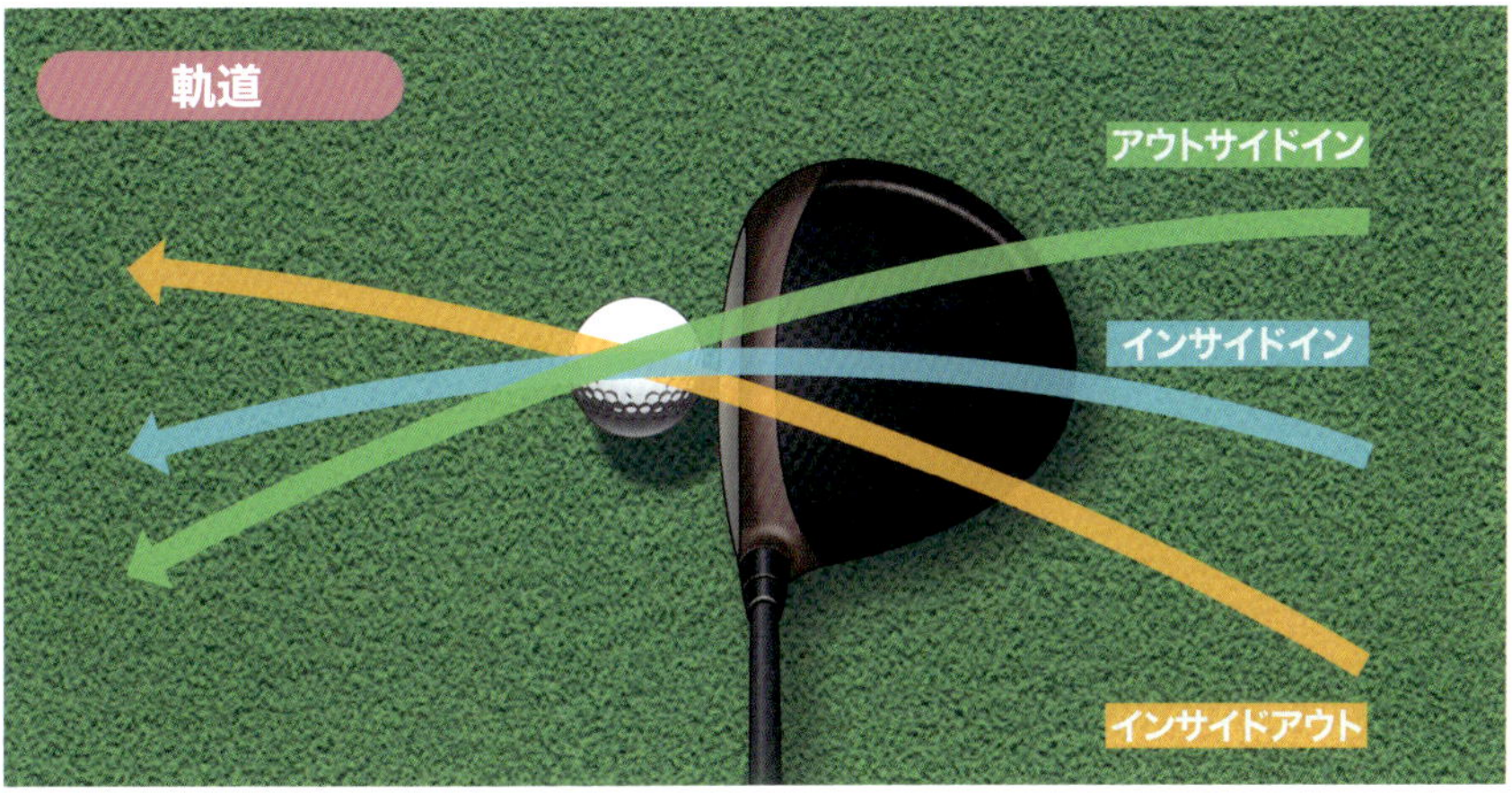

ト通りにボールが当たっていたのか、立っていたのか、寝ていたのか。

ボールの弾道は、この3つの要素によって決まり、さらに付け加えれば、ボールの初速によって飛距離が決まります。

身体云々を考える前に、まずは弾道を目で確認するか、これらの数字（フェースの向き、軌道、インパクトロフト、ヘッドスピードなど）をチェックしてください。身体の動きを修正するのは、そのあとです。

満 MEMO
いいコーチの見つけ方

上達速度を速めるためには、いいコーチとの出会いも重要です。コーチ選びは結構難しいと思いますが、次の基準で選んでみてください。「ゴルフクラブなど道具について詳しい人」「頭のいい人」「ゴルフが上手い人」「理論がしっかりしている人」

PART1

ゴルフ用具

ボールはもちろん、シューズやグローブも上達の鍵を握る

ゴルフ用具はフィット感が大事

プレーをするためには、ゴルフクラブ以外にも準備しなければいけないものがいくつかあります。絶対に必要なのはボール、グローブ、ゴルフシューズなど。基本的には好みで選べばいいのですが、〝フィット感〟が重要なポイントになります。

また、ボールに関しては、初心者のうちはそれほどこだわらなくてもOK。感触が分かるようになってから、また、プレースタイルを確立してから好みのものを選びましょう。

シューズ

靴底は好みのものを

シューズは大きく分けてソフトスパイクとスパイクレスがあるが、コレに関しては好みでOK

靴底の高さを揃える

複数のシューズを使う場合は、ボールに対して同じ高さで構えられるよう、地面から足の裏までの高さを揃えよう

グローブ

ぶかぶかはNG ピッタリのものを

グローブは、同じ素材の一枚布でできていて、手にフィットしたものを。汗をかきにくい人は本革でもOKだが、汗かきの人には人工皮革がオススメ

グリップ

自分に合った太さを選ぼう

フィット感が大事。いろいろな太さがあるので、自分に合ったサイズを選ぼう。また、飛距離を求めるのなら、手首を使える細いタイプがいい

ボール

硬いか軟らかいかなど感触で選ぶのもあり

ボールは好みで選んでいいが、ディスタンス系は飛び重視、スピン系はグリーンで止まりやすいということを覚えておこう。感触で選んでもいい

COLUMN
コラム

ちょっとした気配りで アナタの株がグーンと上がる

ゴルフはマナーのスポーツといわれ、「これはやってはいけない」ということがいくつかあるのですが、初心者の皆さんには、「これをやったらカッコいいよね」というものを積極的に行うことをオススメします。

ポイントは、気配りです。試しに次のことをやってみてはいかがでしょうか？

・グリーンに上がったらピッチマーク（落下したボールによってできた穴）を直すというのが最低限のマナーだが、自分の分だけではなく、最低3つは直すようにする。

・先にグリーンに乗っていたら、他の人のパターを持って行ってあげる。

・先にグリーンに乗っていて、他の人がバンカーショットでミスをしたら、「僕が直しておくよ」と声をかける。

などなど。ちょっとした気遣いは、「あの人、本当に紳士なんだな」と思わせるツールのひとつです。

PART

2

スイングの超基本

スイングの流れ

ゴルフスイングの8つの動きを知る

バックスイング

初期の動きをテークバックともいう。どうやってクラブを上げていくかが、スイングに大きな影響を及ぼす

トップ

クラブが上がりきったところ。ここからダウンスイングに入る動きを「切り返し」という

フォロースルー

インパクト後の動き。クラブは遠心力によって外側に引っ張られるので、打ち終わったあとは腕が伸びる

フィニッシュ

終着点。「いいフィニッシュを目指せ」という人もいるが、いいスイングをすればいいフィニッシュになる

8つのパートに分けて考える

〝ゴルフスイング〟は主に8つのパートに分けられます。その8つとは、「グリップ」「アドレス」「バックスイング（テークバック）」、「トップ」「ダウンスイング」「インパクト」「フォロースルー」「フィニッシュ」。各パートが完全に独立しているわけではなく、一連の流れで行われるわけですが、どの動きにも意識するべき点があります。

これからそれぞれの動きについて説明していきますので、まずは全体の流れを頭に入れておいてください。

1

グリップ

クラブを握ることを「グリップする」という。また、握る部分のことも「グリップ」という

2

アドレス

クラブを持って構えること。スイングのスタート地点で、ゴルフでは、このアドレスが重要になってくる

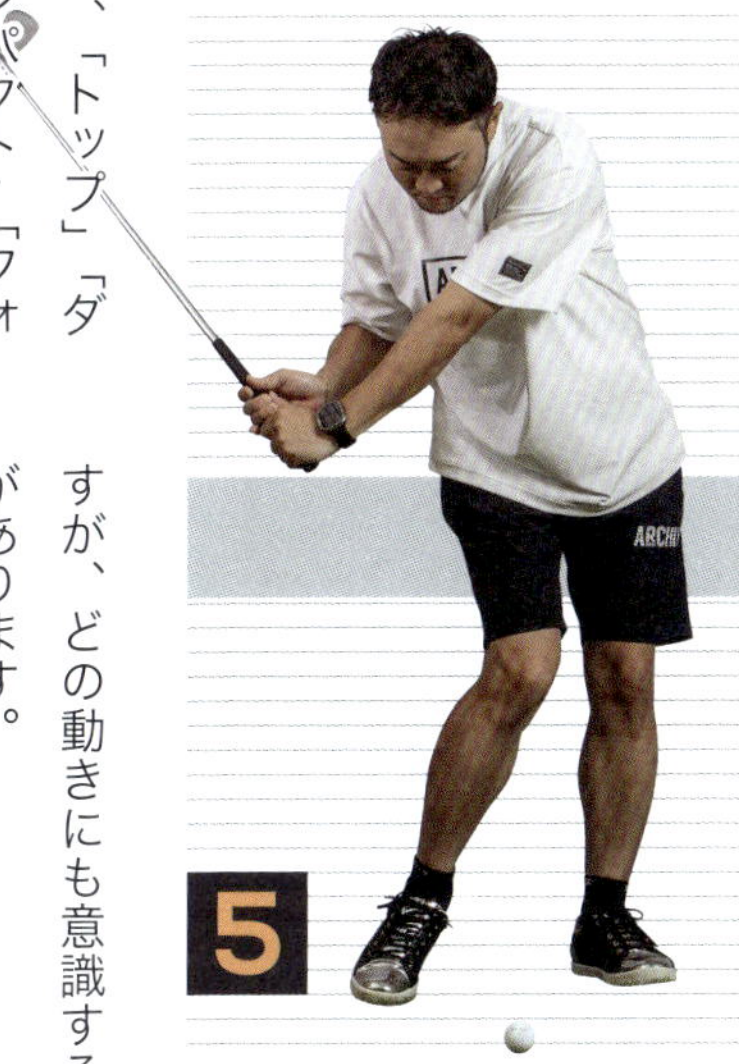

5

ダウンスイング

切り返し～インパクトでクラブを振り下ろす動き。スイングの中で最も力を入れなければいけない部分

6

インパクト

ヘッドがボールに当たる瞬間のこと。どれだけしっかりボールを叩けるかによって飛距離が変わってくる

グリップの鍵

全ての指で握らずに3点で支えるのが正解！

右手の親指&人差し指と左手の小指で持つ

全ての指でクラブを握るのではなく、右手の親指と人差し指、左の小指の3本の指先で支えるようにする

右手は2本の指でV字を作る

グリップは、全ての指でクラブを握るものと思っている人が多いようですが、実はクラブを支えているのは右手の親指、人差し指と左手の小指の3本です。この3点でバックスイングのクラブのスピードを受け止めることで、切り返し以降のヘッドのスピードをアップさせる準備が整います。

トップでは、右手の親指と人差し指とでできる「V字」でクラブを受け止めるようにしましょう。

POINT

V字の間にクラブを入れる

トップでは右手の親指と人差し指とで作ったV字の中にグリップが入る感じ。この形ができれば、左手の小指との3点でしっかりクラブを支えることができる

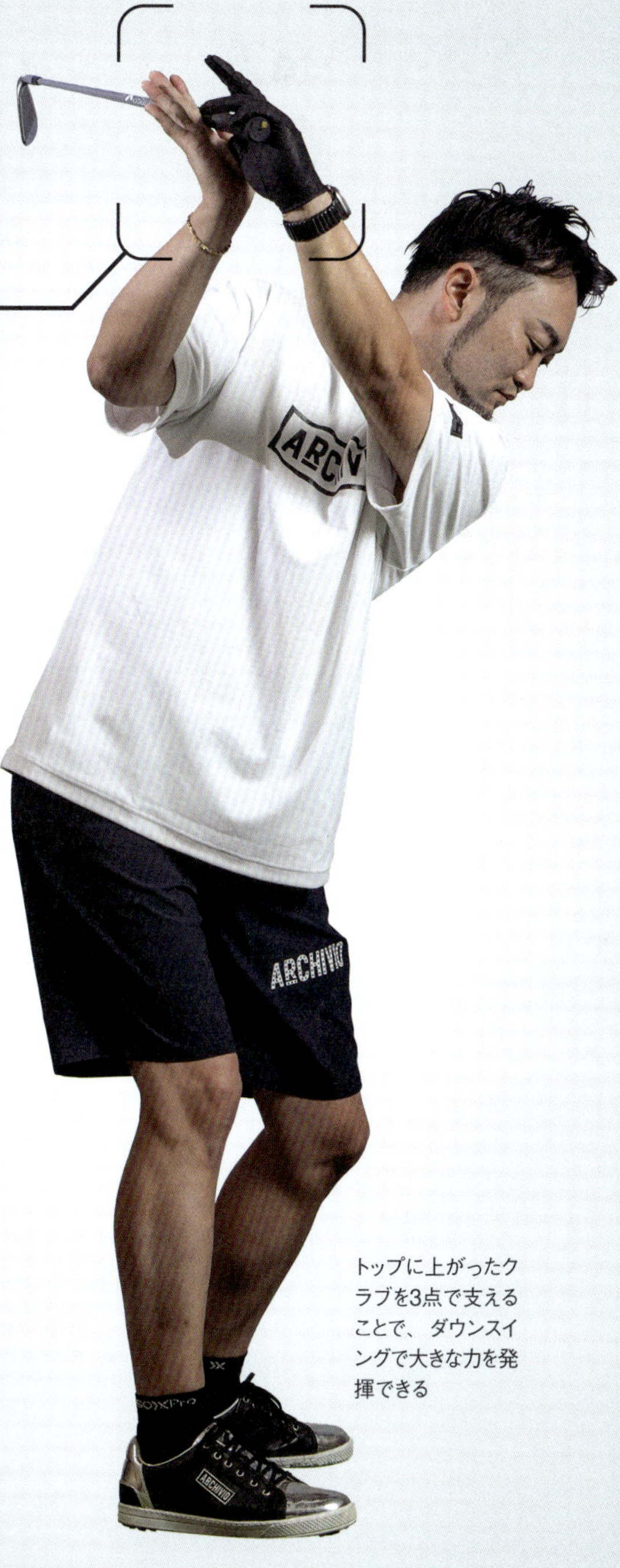

トップに上がったクラブを3点で支えることで、ダウンスイングで大きな力を発揮できる

湘MEMO

これができれば上達も速い

中・上級者の中でも3本の指で支えていない人がいます。最初のうちはなかなか上手くいかないと思いますが、これができるかどうかでスイングが大きく変わってきます。スイングの基本となる形なのでしっかりマスターしておきましょう。

PART2

握る指の位置

手のひらではなく指先で握る

OK

指の付け根でしっかり握る

左手は、親指を除いた4本の指先で握る。そうすると、親指の付け根は遠く離れるがこれでOK。親指は最後にグリップの上に乗せる

このグリップを、"フィンガーグリップ"といいます。これが飛ばしのグリップです

鷲づかみはNG

次にクラブの握り方です。まず左手は、親指を除いた4本の指の付け根にグリップをあてがい、指先を曲げて握ります。そして、親指で上からグリップを押さえます。左手を握り終えたら、できるだけ左手から離れないように右手を握ります。

ポイントは、左手は指先で握ること。間違っても、グリップを手のひらにあてがって鷲づかみにしないようにしてください。

なぜ指先で握るのかは次ページで詳しく説明します。

NG

手のひらでの鷲づかみ

アマチュアゴルファーによく見られる鷲づかみのグリップ。手のひらで握ると、クラブを自在に操れなくなり、速く振ることができなくなる

手のひらで握るグリップは
“パームグリップ”。
飛ばしたくないときには有効です

指先で握った方が強い力が発揮できる

飛ばすためにはフィンガーグリップが必要

親指を除く4本の指の付け根で握る。少し頼りない感じがするが、この方が力が出る

親指の腹を上からあてがい、4本指と親指とで反対方向から押し合う感じでグリップを固定する

指先で握ればクラブもしなる

なぜ指先で握る方がいいのでしょうか。皆さんはペンで字を書くとき、どの部分で握りますか？　当然、指先で握りますよね。筆圧を強くしたいからといって鷲づかみにはしないはず。ゴルフクラブも同じです。最も力が入るのが指先だからです。

また、ゴルフクラブでボールを遠くに飛ばすためには、リストを柔らかく使ってシャフトをしならせる必要があります。そのためにも、指先で握ることが大事なのです。

OK

指と手のひらが空いた形になる

4本の指と手のひらとの間には隙間ができるが、それを握りつぶす程度でOK。最終的には4本の指と手のひらに隙間ができるのが正しい形になる

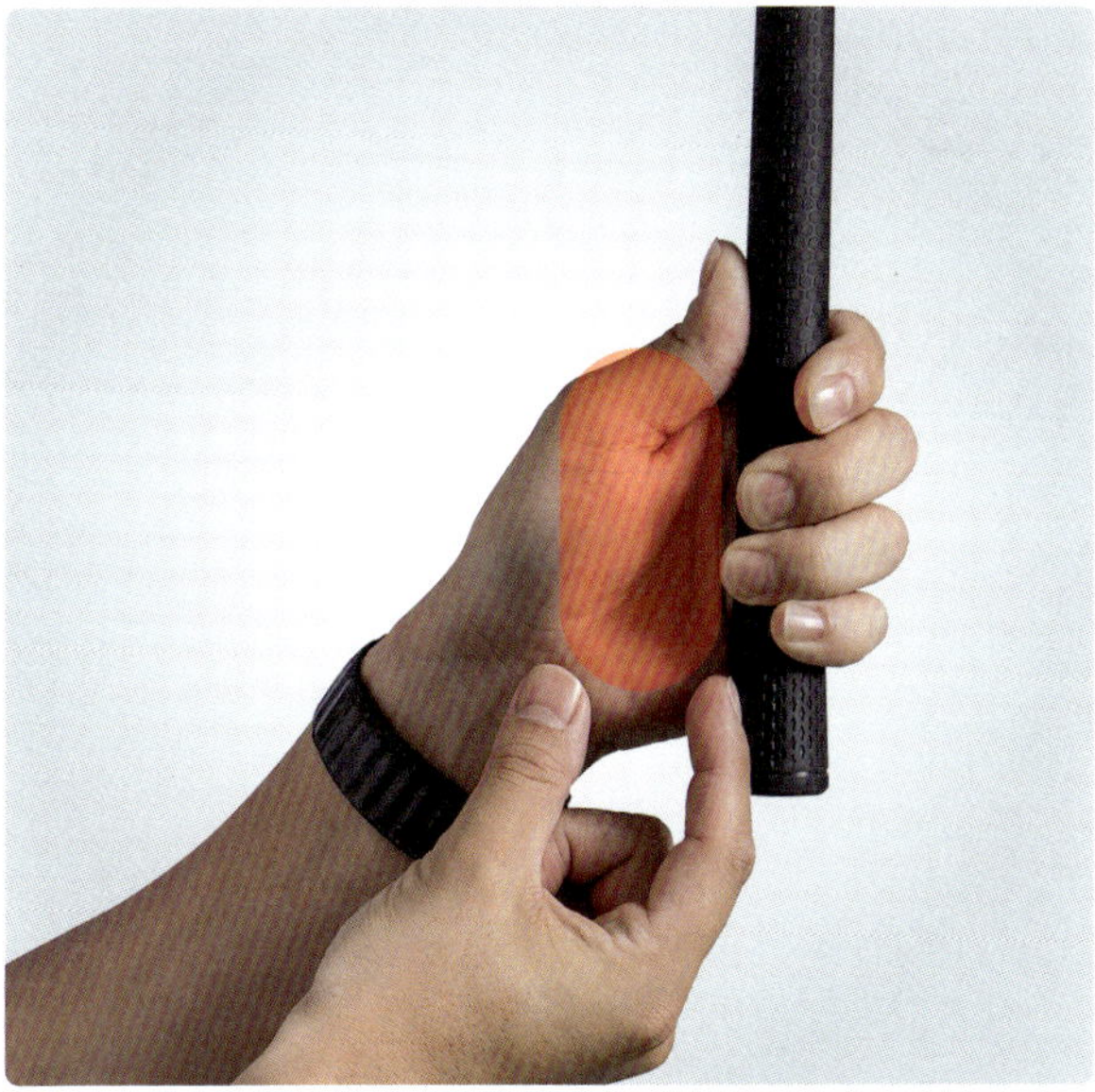

NG

指と手のひらとに隙間がない

手のひらの上でギュッと握り込むと、握ったときの安心感があるが、クラブに力を伝えることができなくなるし、自在に操れなくなる

ゴルフ用語集 **フィンガーグリップ** 左手の指先で握ること。飛ばしのグリップ

ゴルフ用語集 **パームグリップ** 手のひらで握ること。クラブに伝わる力が弱くなる

PART2

グリップの力感

グリップはしっかり握るが手首はゆるゆるに

「グリップは緩く握れ」は大きな間違い

グリップがゆるゆるだと、力を入れなければいけないダウンスイング〜インパクトで力が入らない

緩いグリップはミスの元

「グリップは引っ張っても抜けない程度の強さで握りましょう」という人もいますが、それは大きな間違い。「グリップはしっかり握る」というのが正解です。ゆるゆるだとクラブの軌道が安定しないし、インパクトの衝撃にも耐えられないからです。

ただし、手首はゆるゆるにしておくこと。手首を柔らかくしておくことで、ヘッドのスピードを上げるために必要な〝ヒンジ〟（110ページ）が使えるようになるからです。

切り返しのタイミングが遅れる

グリップがゆるゆるだと、トップでクラブが流れ、切り返しのタイミングも遅れて振り遅れしやすくなる

しっかり握ればトップも安定

しっかり握っていればトップが安定するだけでなく、切り返しが力強くなって飛距離も伸びる

手首がゆるゆるだとヒンジが使える

ヘッドを走らせるためには“ヒンジ（ちょうつがい）”の動き（手首を返す動き）が必要。ヒンジを使うためにも、手首はゆるゆるにしておこう

右手はしっかり握る。〝添えるだけ〟はNG

OK

親指と人差し指でしっかりつまむ

親指と人差し指でグリップを挟むようにして握ることが大事。そうすればしっかり力を入れることができ、右手の力がクラブに伝わりやすくなる

右手の力を抜いてはいけない

右手に関しては、「使い過ぎると悪さをするから、添えるだけでOK」といわれますが、実は右手は、スイングにおけるエンジンになります。つまり、右手を〝添えるだけ〟にしておくと、ボールを飛ばすエネルギーは生まれないことになります。だから右手はしっかり握ること。

特に大事なのは、トップのときにクラブを支える右手の親指と人差し指でグリップをつまむように握ること。これが飛ばしの第一歩になるので間違えないようにしてください。

NG

人差し指が離れると力が入らない

右手の影響力を抑えるため、右手人差し指をグリップから離している人を見かけるが、この握り方だと、「飛ばしたくありません」と宣言しているようなもの

右手1本でボールと戯れればクラブさばきが上達する

右手でボールを自在に操れるようになろう

練習場でボールをセットするときも右手1本でやろう。これをやれば、手元とヘッドまでの距離もつかめるようになる

ヘッドが手のように扱える

ゴルフは道具を使うスポーツなので、クラブをいかに自在に操れるかということが、上達のポイントになります。それを実現するための効果的な練習方法を紹介しましょう。

練習方法といっても、地面にあるボールをヘッドのいろんな部分を使って足元から離れないように転がすだけ。練習場でボールをセットするときも、これをやるだけで確実にクラブさばきが上手くなります。家でもできるのでぜひやってください。

手でティーアップするのもカッコ悪い

ティーアップするとき、 手でボールを乗せるのも恥ずかしい動き。 足とヘッドでボールを挟んで乗せよう

初心者的なボールの寄せ方

アマチュアの中には、 両手で、 しかも身体の動きを使ってボールをセットしようとする人が多い

竹刀のように自在に操れるように

剣道では手首を柔らかく使って竹刀を変幻自在に操るが、ゴルフも同じようなクラブさばきが必要。そのためにも、右手のさばきを身に付けよう

ドライバーとアイアンとでは握り方を変えよう

アイアンは距離感重視

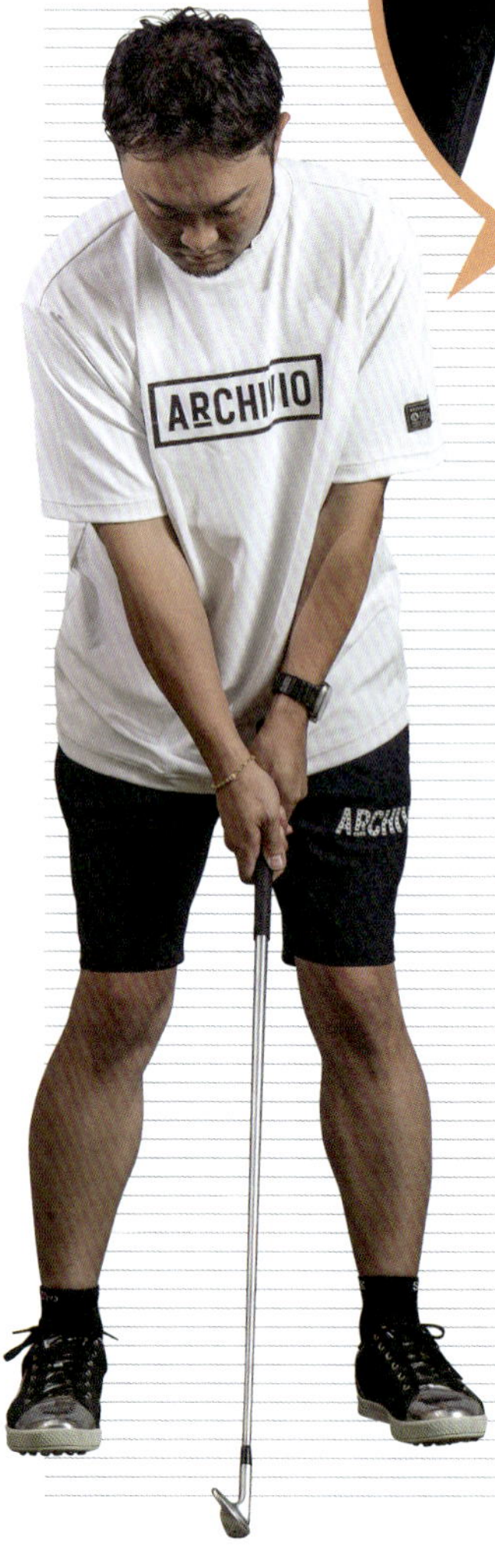

ゴルフ用語集
スクエアグリップ

基本的なグリップで、左手の甲が目標に対してほぼ真っ直ぐ向いている

基本的にボールが左に飛びやすく、飛距離よりも距離感が重要なアイアンは、右手の親指と人差し指とでできる「V字」が顔の右側を指すスクエアグリップがオススメ

ドライバーは飛び重視

ストロングだと飛距離が伸びる

グリップに関しては、ストロングに握るか、スクエアに握るかで迷うところですが、結論からいうと、ドライバーはストロンググリップ、アイアンはスクエアグリップで握ることをオススメします。

その理由は、アイアンに比べてつかまりにくいドライバーは、ストロングで握った方がボールに力が伝わりやすく、飛距離も伸びるからです。ティーアップして打つドライバーは、構えもスイングも他のクラブと異なるので、握り方も変えましょう。

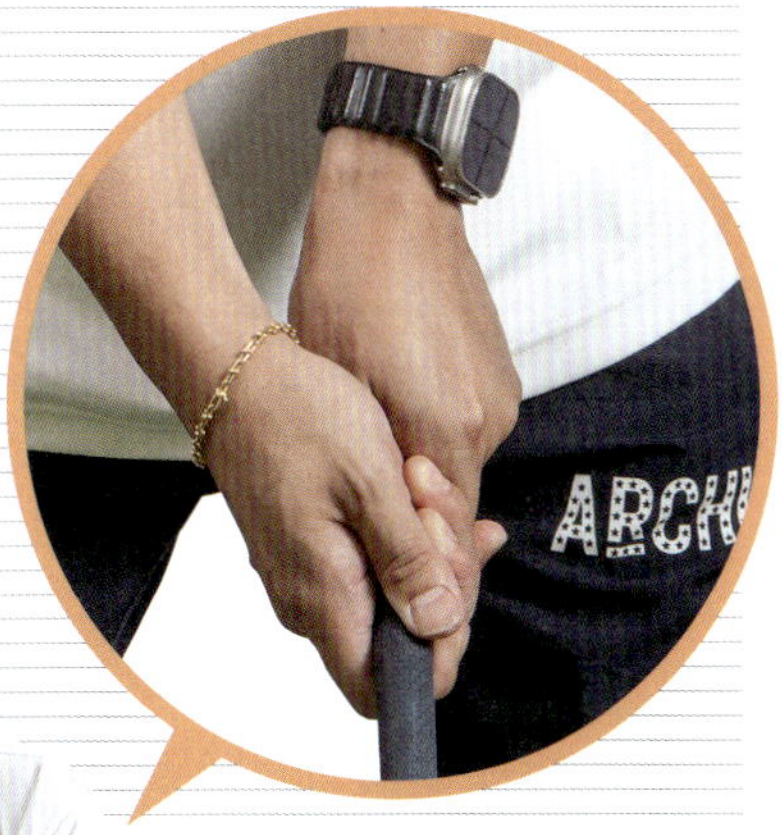

ゴルフ用語集

ストロンググリップ

右手の親指の付け根が右肩を指すような握り方。ドローやフックが出やすいのが特徴

ドライバーは、球に力が伝わりやすく、飛距離が伸びるストロンググリップで握ろう。右手の親指と人差し指とでできるV字の先端が、右肩を向いていればOK

アドレスのイメージ

猫背はOK！ 胸を張ると力が出ない

パワーが出る体勢で構えることが大事

腰は反り、背中は丸める。両ヒザは少し曲げるが、そのとき前傾の角度が変わらないように

ボクサーと同じ体勢で構える

〝正しいアドレス〟に関しても、レッスン書にはいろいろな考え方が紹介されていますが、私の正解を紹介しましょう。最大のポイントは、腰は反って、肋骨より上は丸くするというのが正しい形です。

これは、ボクサーがパンチを打つ前の姿勢と同じで、最も力が出る構えになります。

猫背にならずに胸を張る構えや、腰を丸める構えより力が出るので試してみてください。

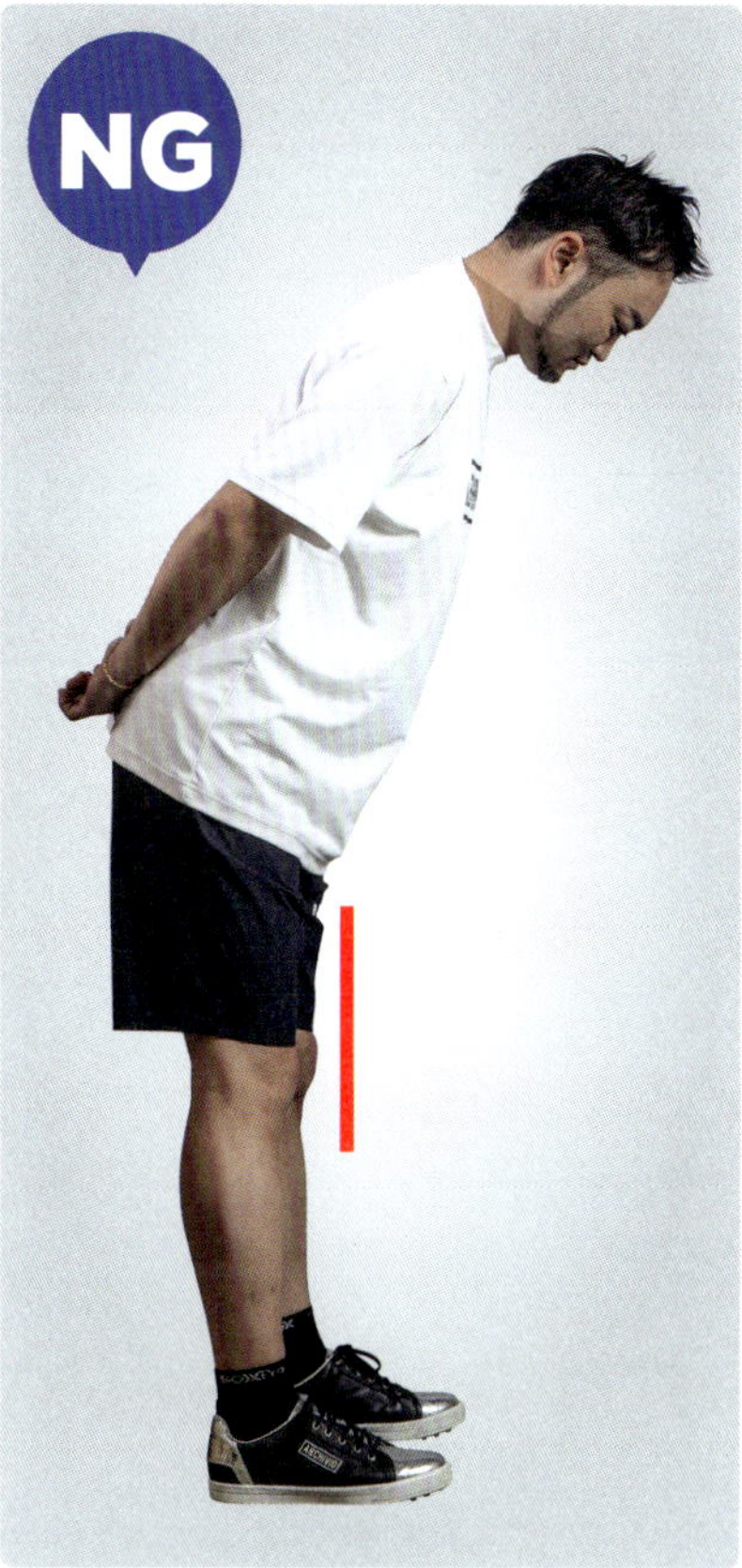

全体的に丸まった姿勢

腰が反らないで全体的に丸まってしまうと、力が入らないアドレスに。ヒザが伸びているのもNG

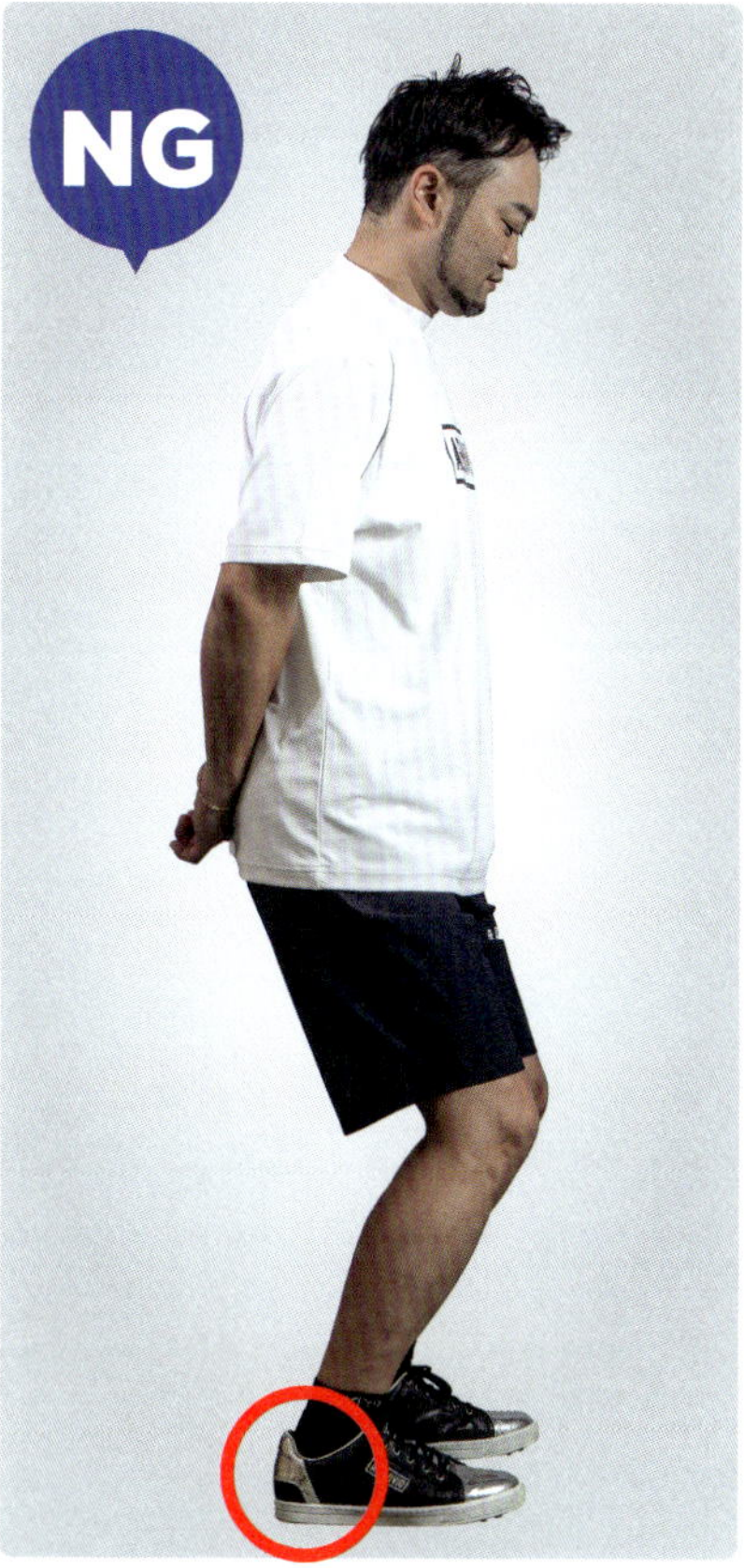

腰が落ちてカカト体重に

カカト体重になるとボールを強く叩けなくなる。ツマ先体重で構えたいので、腰は落とさないように

POINT

○ 力が出そうなファイティングポーズ

× 胸を張ってパンチを出す選手はいない

最も力が出せるファイティングポーズ

ゴルフでも力が発揮できる姿勢を取ることが大事。見習うべきは、ボクシングのファイティングポーズ。腰が反って胸から上が猫背になっている

PART2

左腕の
曲げ感

左上腕の前後に力が入る最適ポイントを探そう

最も力の出る左腕の曲げ方がある

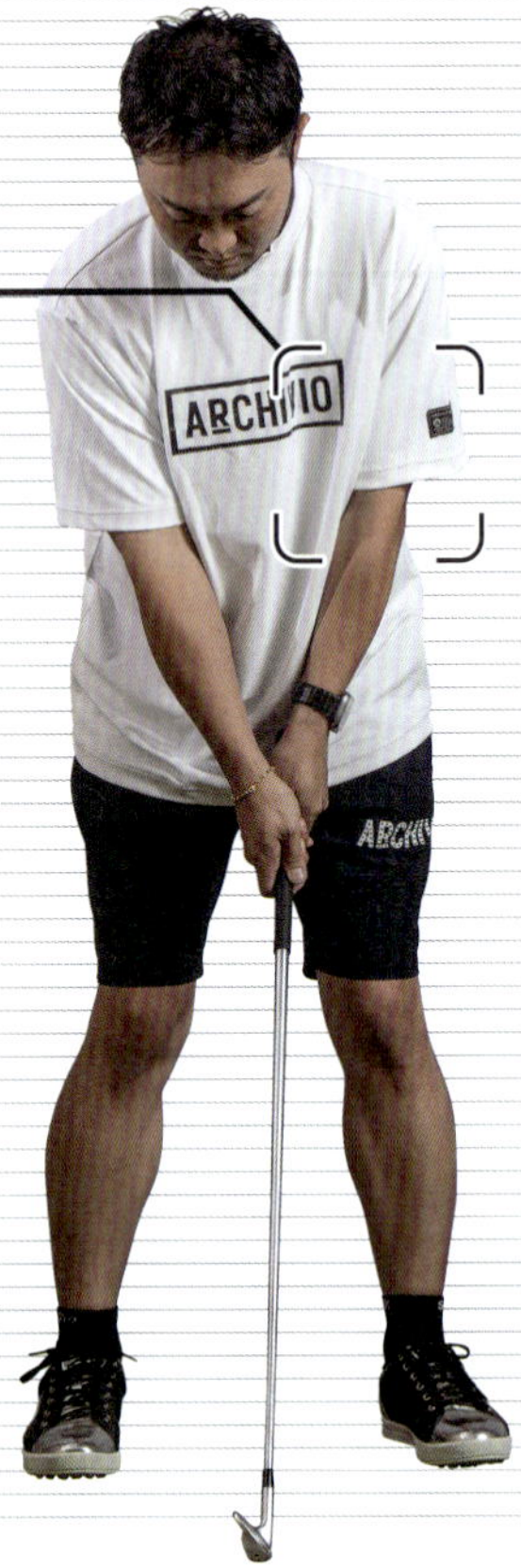

上腕の内側、外側に均等に力が入った構え。見た目には分かりにくいが微妙に腕が曲がっている

左上腕に均等に力を入れる

スイングを安定させるためには、左上腕を機能させることも重要なポイントになってきます。

構えるとき、左腕を伸ばす人が多いのですが、伸ばした状態だと上腕の外側には力が入りますが、内側には入りません。外側の力をキープしつつ、内側にも力を入れるためには、少しだけ腕を内側に曲げることが大事です。曲げ過ぎると内側に力が入る代わりに、外側の力が抜けてしまうので注意してください。

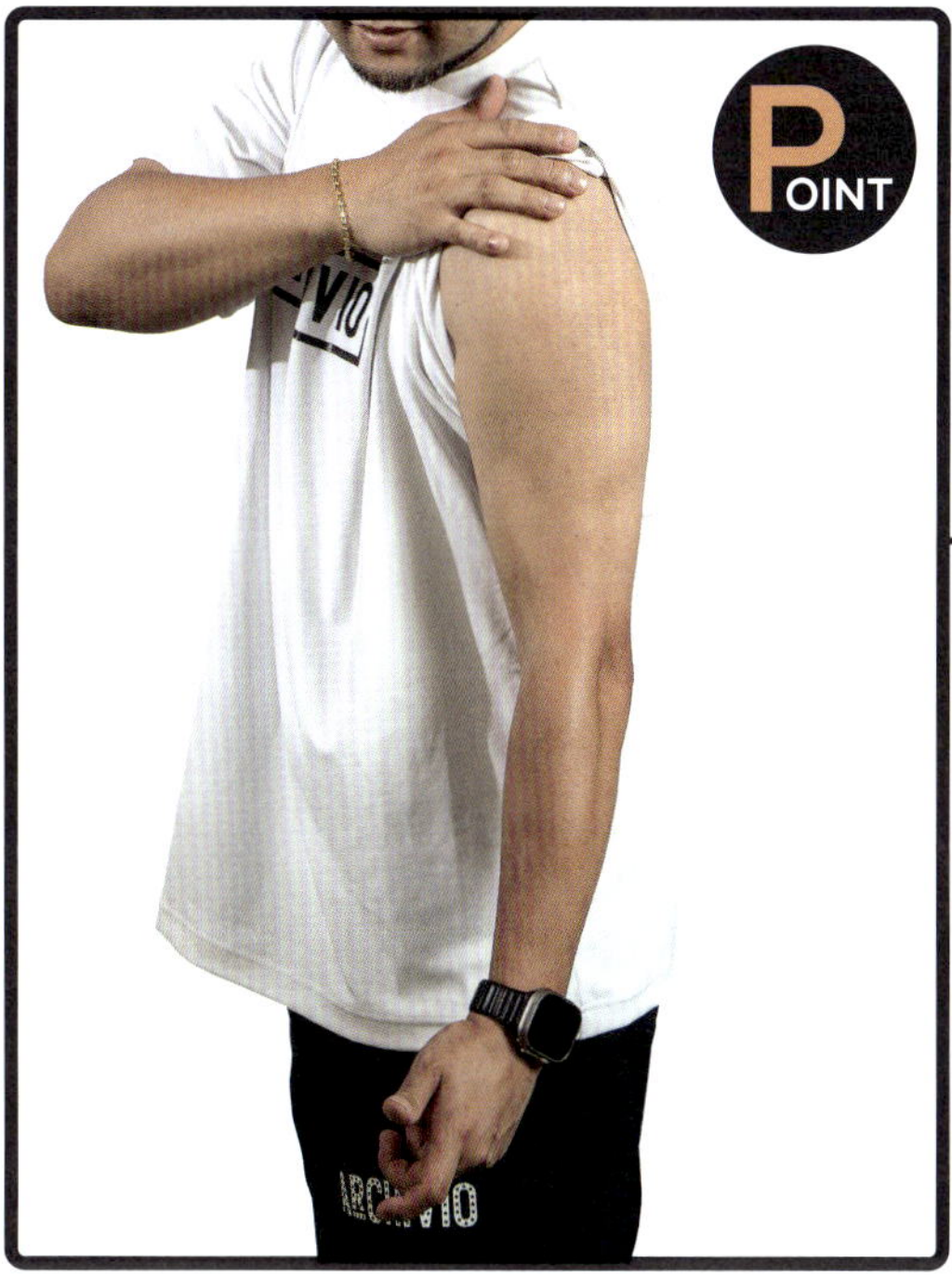

外にも内にも力が入るポイントを探す

上腕を触りながら真っ直ぐ腕を伸ばした状態から少しずつ腕を曲げ、外側の筋肉に力が入った状態で、内側の筋肉にも力が入るポイントを見つけよう

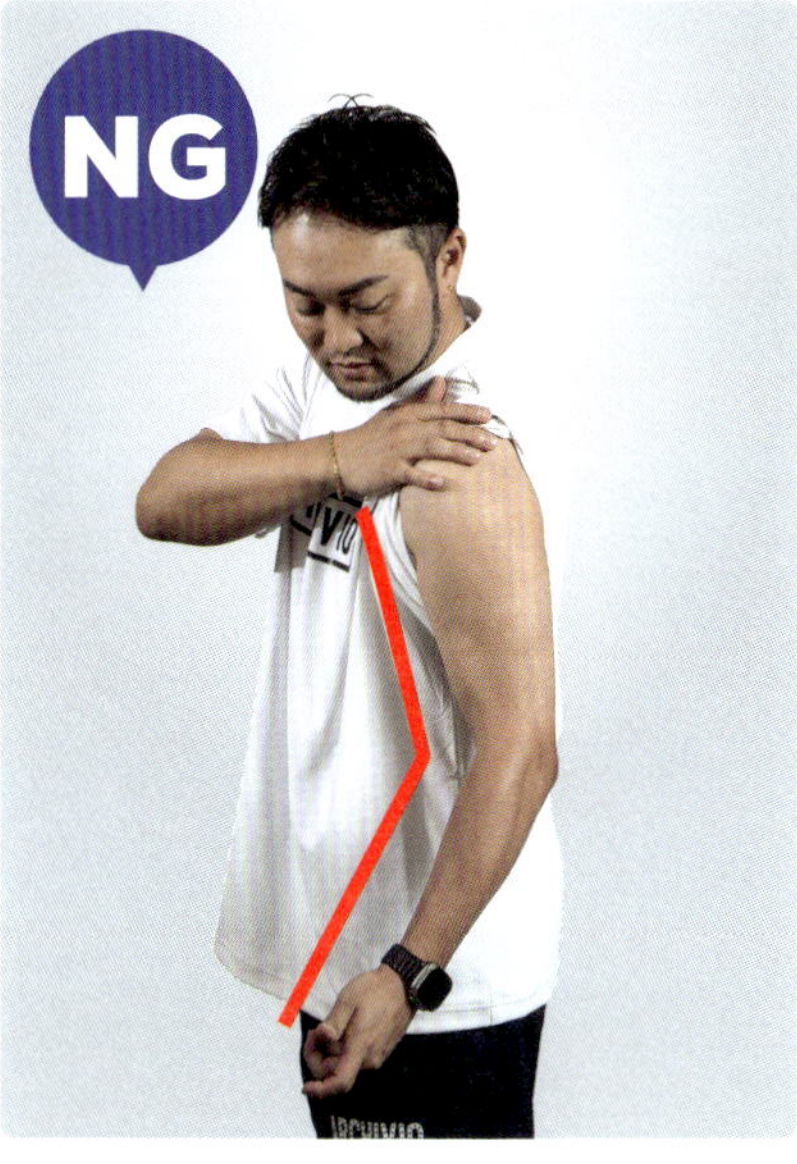

外側の筋肉の力が抜ける

腕を曲げると、内側の筋肉に力が入ってくるが、曲げ過ぎると外側の筋肉の力が抜けてしまう

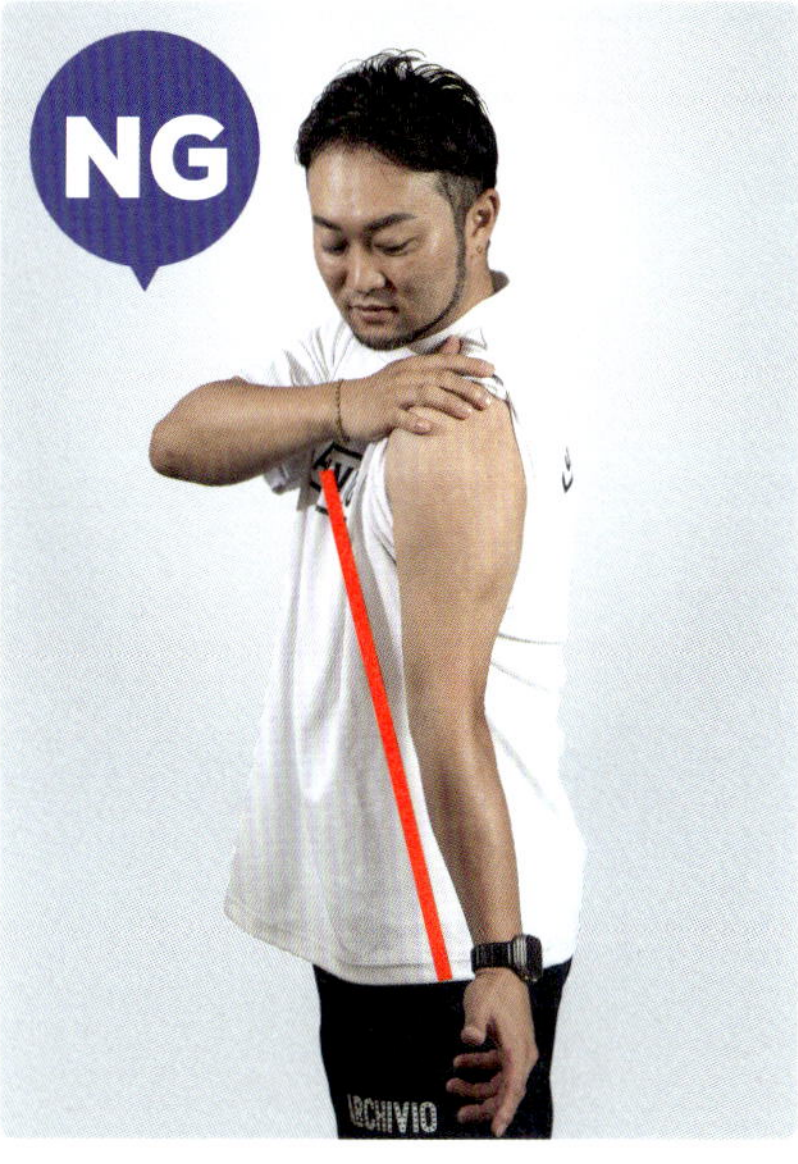

外側の筋肉だけに力が入る

腕が伸びていると、外側の筋肉だけに力が入っていて、内側の筋肉には力が入っていない状態になる

構えに入るまでの動きをルーティン化する

ワッグルを2回入れる

ワッグルを2回行い、スイングをスタートする準備を整える

もう一度ヘッドをセット

もう一度ボールにヘッドをセットしたら、すぐにスイング開始

自分なりのルーティンを作る

ショットを安定させるためには、構えに入るまでを、毎回同じ動作、同じ時間、同じリズムで行うことが大事です。その形は、人それぞれで構いませんが、私のルーティンを紹介しておきましょう。

最初に右手でクラブを持ち、フェース面をターゲットに合わせます。次に右手でクラブを持ったままスタンスを広げます。その後、両手で握り、ワッグルを2回したあと、もう一度ヘッドをボールの手前にセットして構えは完了です。

ターゲットに合わせる
右手でクラブを持ち、フェース面をターゲットに合わせる

スタンス幅を決める
ボールの位置に合わせて、スタンスの位置と幅を決める

左手を合わせてグリップする
スタンスを決めたあと、両手でグリップして構えを作る

ワッグルは支点を動かさないでやる

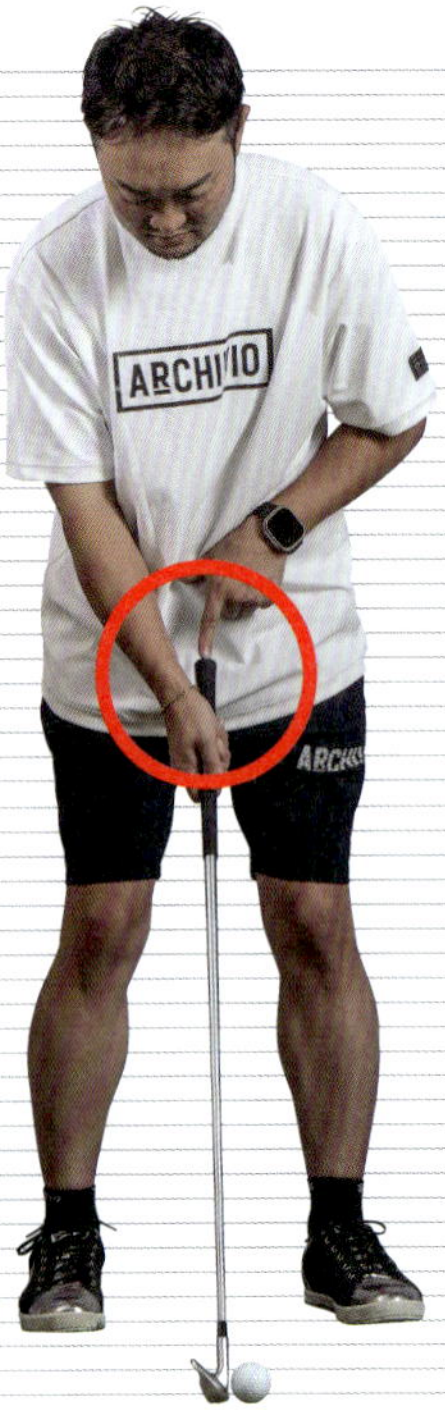

OK

支点を固定してヘッドだけ動かす

支点となる手元を動かさずに、ヘッドだけを動かすようにするのがコツ。ヘッドの上げ下ろしをすることによって、「これから打つぞ」という気持ちにもなる

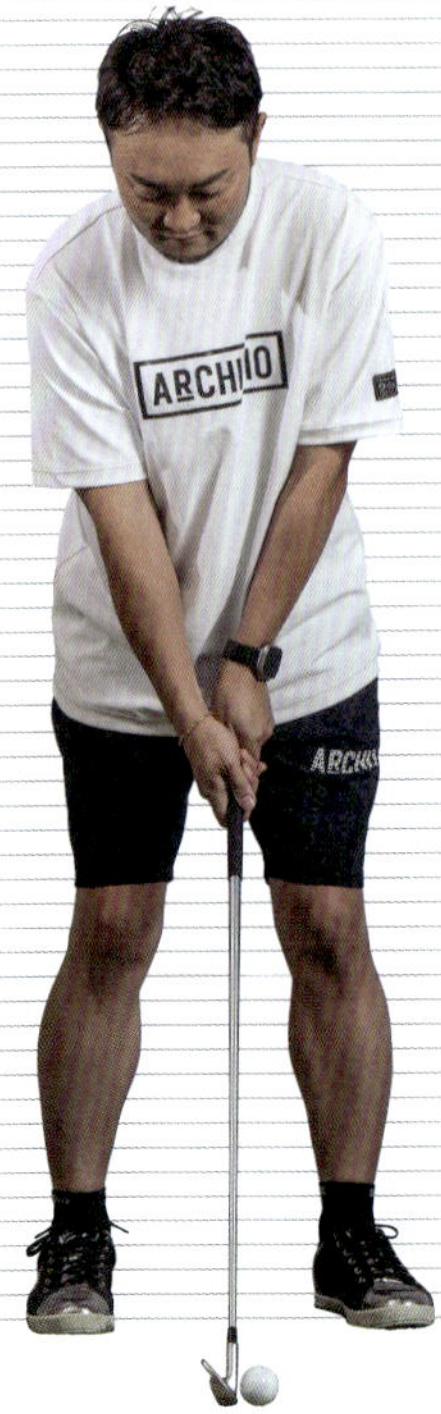

NG

手元が動くとダサいワッグルに

ワッグルは一度構えを作ってから行うものなので、その構えを崩さないようにすることが大事。手元が動くと構えが狂うし、見た目もカッコ悪いので注意しよう

ゴルフ用語集

ワッグル

バックスイングに入る前の準備動作。身体の緊張をほぐし、スムーズなスイングを生む

カッコいいワッグルを目指せ

プロゴルファーがアドレスに入った後、ヘッドを2～3回揺らしているのを見たことがある人も多いと思いますが、あの動きを「ワッグル」といいます。スイングに入る前の準備動作で、これをやることによって、スムーズにバックスイングに入ることができます。

ポイントは、支点（手元）を動かさずにヘッドだけを動かすこと。手元が動くと見た目がカッコ悪くなるし、バックスイングの軌道も乱れるので注意してください。

PART2

テークバックの始動

胸、ヒザ、ヘッドを同時に動かしていく

同調なくして正しいスイングは生まれない

ヘッドの動きに比べて胸やヒザの動きは小さいが、全てを一緒に動かす意識で

全ての同調が大事

スイングをスタートするときに大事にしたいのは、身体、クラブなど全てを一緒に動かすことです。ゴルファーの中には、先に身体が動いたり、ヘッドだけをヒョイと上げる人がいますが、そうするとクラブを理想の軌道に乗せることができなくなり、スイングが安定しなくなります。

動きを合わせることを、〝同調〟といいますが、バックスイングでは常に同調を意識しながらクラブを上げるようにしましょう。

ゴルフ用語集
スエー(スライド)

スイング中に身体が左右にブレること。「スエー」は和製英語で、正式には「スライド」という

同調は大事なポイントなので、意識しなくてもできるようにしておく

NG

身体から動くと軌道が狂う

身体を先に動かしてしまう人も多いが、これがスエー(スライド)の原因に。こうなると正しい軌道に戻すのが難しくなる

始動のイメージ

大きな円を描くようにクラブを上げていく

OK

クラブを遠くに上げるイメージで

バックスイングではクラブをできるだけ遠くに上げるようにすることが大事。 そうすれば、 円弧も大きくなり、 クラブの長さが最大限に生かせる

NG

クラブを担ぐようにヒョイと上げる

クラブを肩に担ぐように上げてしまうと、 クラブで描く円弧が小さくなり、 本来のスピードが出なくなる。 これでは、 短いクラブを持っているのと同じこと

ゴルフ用語集

スイングアーク

スイング中、 ヘッドが描く円弧のこと。 大きいほど遠心力も大きくなり、 ヘッドのスピードが上がる

クラブの長さを生かす

バックスイングでは、クラブを遠くに上げていくことも重要なポイントになってきます。クラブを遠くに上げることによって、スイングの円弧（スイングアーク）が大きくなり、その分、クラブのスピードを上げることができるからです。

一方、クラブを肩に担ぐように上げると、円弧が小さくなり、短いクラブを持っているのと同じことになってしまいます。短いクラブを使う場合でも、できるだけ大きな円を描くように意識しましょう。

ハーフウェイバックでフェース面は斜め下を向く

OK

フェースの角度と前傾角度が重なる

クラブがハーフウェイバックのポジションにきたとき、フェースの角度が前傾の角度と一緒になっているのが理想。これが、「フェースが開いていない」状態

ゴルフ用語集
ハーフウェイバック

バックスイングで、グリップ位置が股関節あたりまで上がり、クラブが地面と平行になるポジション。ダウンスイングでこの位置にきたときを「ハーフウェイダウン」という

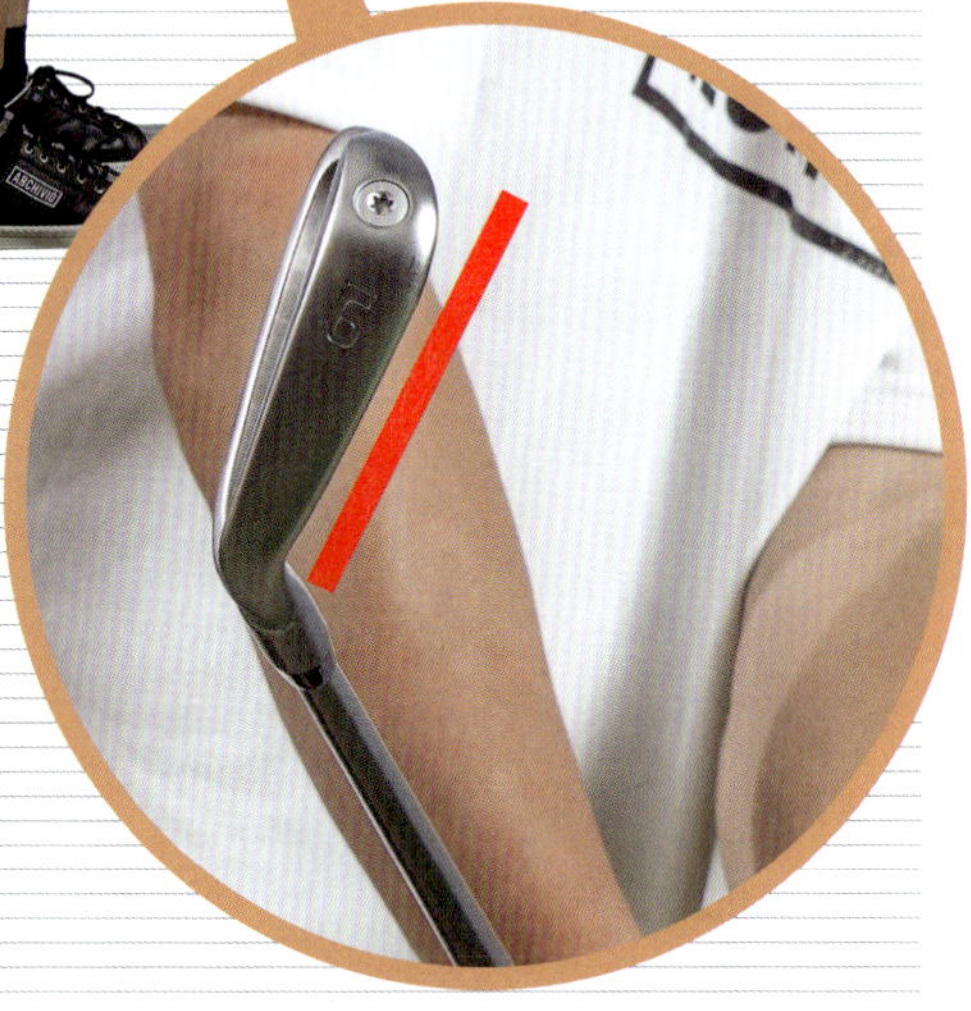

フェースをコントロールする

バックスイングでは、フェースのコントロールをすることも必要です。棒の先にヘッドが付いたゴルフクラブの場合、何もしなければフェースが開こうとするからです。

チェックポイントは、クラブが地面と平行になった地点（ハーフウェイバック）。このときフェース面が、前傾の角度と同じ角度になっていればOK。しっかりコントロールをしていないと、地面に対して垂直か、それよりも開いてしまうので注意しましょう。

NG

地面と垂直で開いていることになる

ハーフウェイバックで、フェースが地面と垂直か、それよりもフェースが上向きになっている場合は、フェースが開いている証拠。ここで開くと戻すのが難しくなる

フェース開閉のイメージ

なぜフェース面は斜め下を向いていなければいけないのか

OK

無理に閉じなくても角度は同一に

フェース面を地面に対して垂直になるように身体の正面に上げ、身体を右にひねる。そこから前傾すると、フェースの角度と前傾角度は一緒になる

NG

垂直になるのは開いている証拠

ハーフウェイバックでフェース面が地面に対して垂直になっている状態から上体を起こすと、「垂直=開いている」ことが分かる。スイング中はこの形にならないように

開きを抑えることが大事

「ハーフウェイバックでフェースと前傾の角度を合わせましょう」というと、フェースを無理に閉じなければいけないと思う人もいるようです。しかし実際は、意識してやるのではなく、それが自然な形なのです。

現に、身体の正面にクラブを上げて身体を右に回し、前傾するとフェースが前傾と同じ角度になりますよね。このことからも分かるように、意識的にフェースを閉じるのではなく、「開かないようにしましょう」ということなのです。

ゴルフ用語集

フェースコントロール

フェースの向きを把握すること。一般的には、フェース面が開き過ぎないようにすることを「フェースをコントロールする」という

バックスイングの始動では左腕が胸に付かないように

NG

左腕が胸にくっつく

このような状態になると力が入りにくくなる。アマチュアゴルファーにはこのような形になっている人が多いが、これが飛距離を落とす原因にもなっている

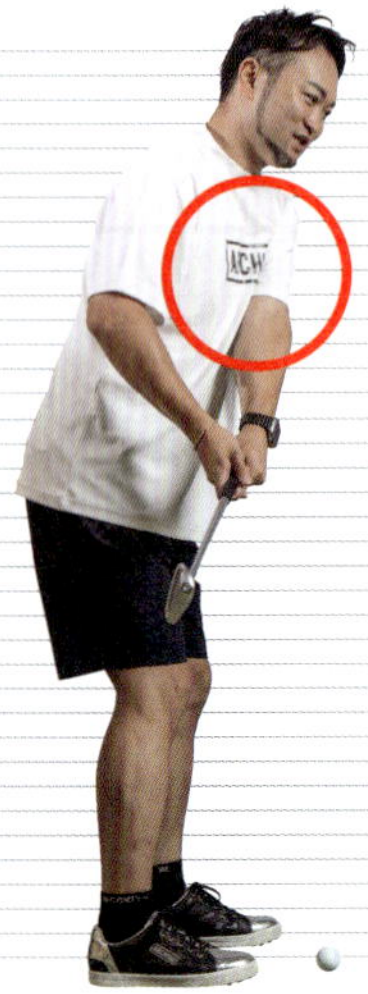

OK

左腕と上体との間隔をキープ

構えたとき、左腕は上体から離れているはずだが、スイング中もこの間隔をキープし続ける。そうすれば腕に力が入りやすくなり、飛距離も伸びる

NG

左腕が胸に付くと肩が十分に回らない

左腕と胸がくっつくと肩が回りづらくなり、スイングアークも小さくなる。これではダウンで力が入らない

OK

引っ付かなければ大きな円が描ける

左腕と胸との間にスペースがあれば、肩もしっかり回るようになり、スイングアークも大きくなる

上体と左腕の距離を保つ

バックスイングの際、いきなり左腕を胸に付けてしまう人もいますが、これも避けたい動きです。左腕が身体にくっつくことによって力が入らなくなるし、また、肩も回りづらくなってスイングアークが小さくなるからです。

構えたとき、左腕と上体とに一定の距離が生まれますが、バックスイングではこの距離が縮まらないようにクラブを上げていきましょう。そうすれば、スイングアークも大きくなり、力強いスイングが実現します。

左腕と胸との間隔はトップまでキープ。間隔があるからカッコいいトップになる

両腕は身体の幅の中に収めておく

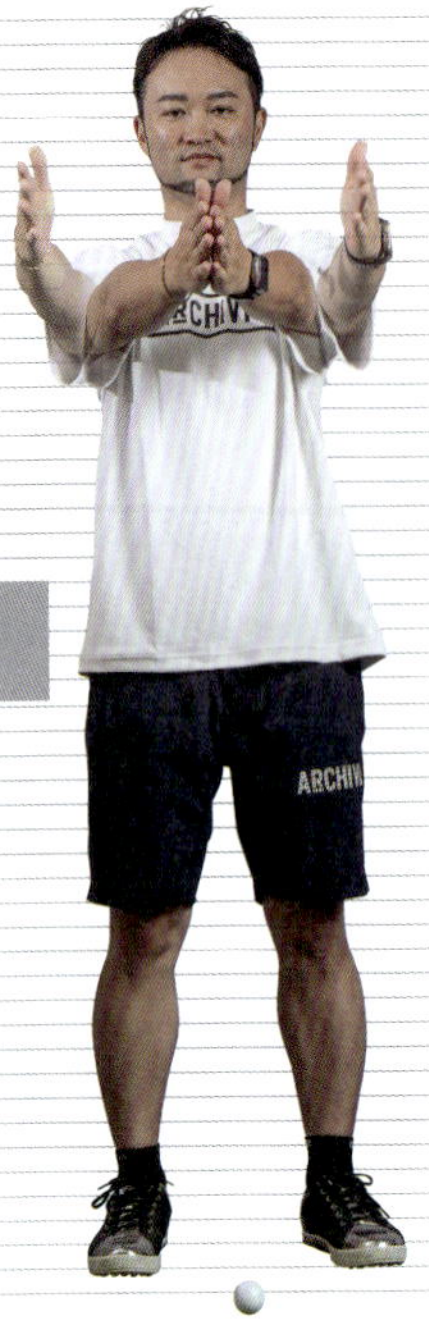

OK

右ヒジはしっかり上げる

バックスイングでは、右ヒジを上げて、両腕が身体の幅から出ないようにする。「前へならえ」をして、そのままバックスイングをするイメージ

NG

右ヒジを後ろに引くのは間違い

右ヒジを後ろに引くと、両腕が身体の幅から外れてしまう。こうなると、手元をアドレスの位置に戻すのが難しくなり、ミスが生まれやすくなる

浦MEMO

手と身体との同調

手と身体を一緒に動かすこと。スイングではとても重要で、この同調がなければ、スイングがバラバラになってしまう

「前へならえ」をイメージ

バックスイングで、「クラブを手で上げるな」といわれますが、実際、両腕は身体の幅から出てはいけません。イメージとしては、「前へならえ」をした状態でそのまま身体を右に回す感じです。

アマチュアゴルファーによく見られるのは、右ヒジを支点に後ろに引くパターン。これだと軌道もブレるし、力も入りません。

右ヒジは引くのでなく、上げます。それと同時に身体を回せば、力の入るカッコいいトップになります。

地面にボールを叩きつける体勢が理想のトップの形

ダウンスイングで最も力が入るトップの形を覚える

まずは右手を、ボールを最も強く地面に叩きつけられる位置に上げる

最後は右手を左手に寄せる

これから始まるダウンスイングに向けて、最もエネルギーを出しやすい形にするのがトップの理想。イメージとしては、力一杯ボールを地面に叩きつけるときの形になります。

だから、この形にもっていくようにバックスイングをするわけですが、右手の理想の位置だと左手が届きません。左手を右手に近づけて、最終的には、そこに右手を寄せるという形になります。まずは自分なりの〝理想〟を見つけてください。

クラブを持った左手を右手にできるだけ近づけ、最終的には右手を左手に寄せる

POINT

右ヒジを支点にしてクラブを上げる

ダウンスイングで最も力が入るトップにするには、右ヒジを支点にクラブを上げていくことが大事。右ヒジを後ろに引かないように

PART2

トップの深さ

自分の限界まで身体が回っていればOK

身体が回っていればクラブが地面と平行でなくてもいい

しっかり身体を回すことが大事。身体が回っていれば、ヘッドが垂れてもOK

トップが浅いと飛ばない

トップは深ければ深いほどパワーが溜まり、強い球が打てます。アマチュアゴルファーの中には、当てることに意識が行き過ぎて、トップが浅くなる人がいますが、そうすると飛距離も出ません。また、深いトップを作ろうとして、身体が回っていないのに手だけで上げようとしたり、上体だけをねじるのもNGです。

大事なのは、身体がしっかり回っているかどうか。練習で自分の限界を見つけましょう。

NG

身体が回らない分
手だけで上げる

身体が回らないので、手だけで深いトップを作ろうとする人が多いが、これが俗にいう「オーバースイング」

NG

上体だけを
ひねってしまう

身体を回す意識が強くて上体を目一杯ひねろうとする人もいるが、これだと体重が右に残り、ボールを強く叩けない

NG

身体をねじらず
手だけで上げる

身体を回さず、手で上げて手で打つ典型的な手打ちスイング。これだと軌道が安定しないし、飛距離も出ない

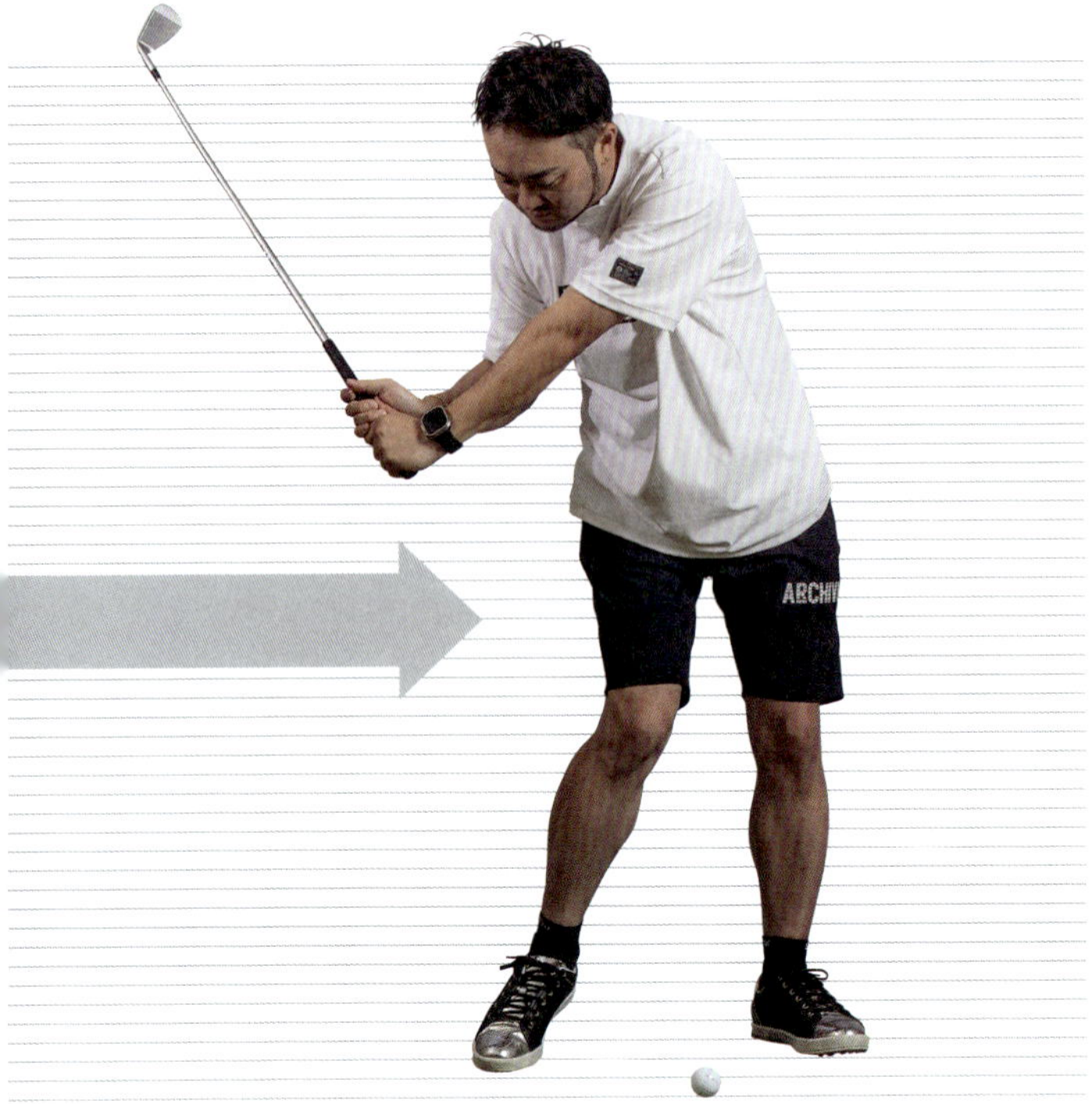

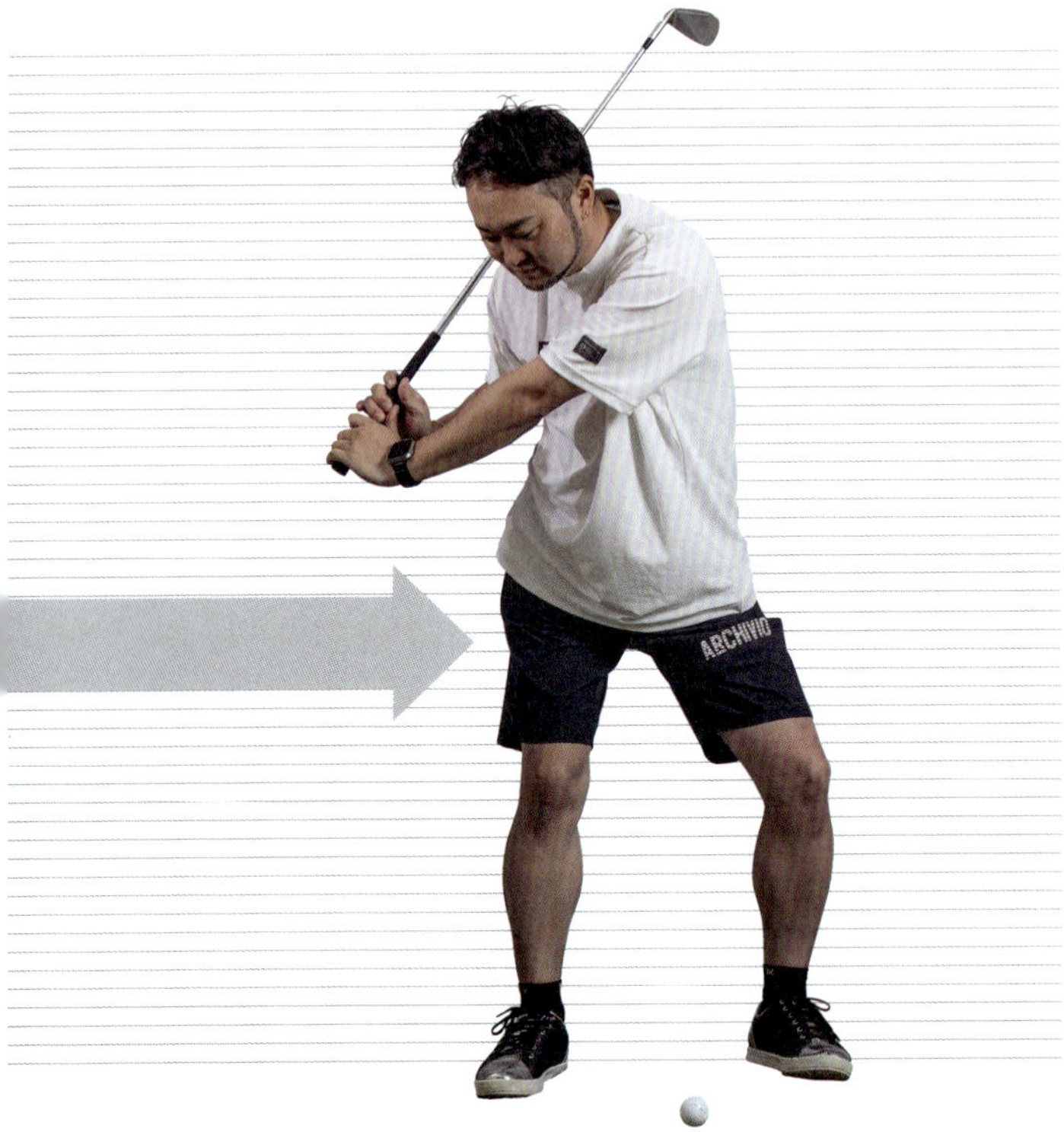

PART2

右手首の角度

切り返し〜ダウンスイングでは右手首の角度を変えない

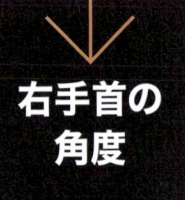

手首を解かずにダウンスイング

切り返し～ダウンスイングで意識したいのは、右手首の角度を変えないこと。そうすることで、ダウンスイングで力を入れることができます。

ただし、ヘッドを後ろに倒さないように。昔は、「グリップエンドを地面に向けて振り下ろし、ボールを潰すように打て」といわれていましたが、それはアイアンの重心位置が高かったころのセオリー。今どきの低重心アイアンは、手首の角度をキープし、手と身体との距離を変えずに振り下ろすのが正解です。

OK

トップでの右手首の角度をキープ

切り返し～ダウンスイングでは、右手首の角度を変えずに振り下ろす。そうすれば、ダウンスイングの途中で力が入り、ヘッドを加速させることができる

NG

グリップエンドを地面に向けて下ろす

手元を前に出して、ヘッドを背中側で寝かせるのはNG。これは、アイアンの重心位置が高かったころの打ち方で、今どきの低重心アイアンには合わない

浦MEMO

高重心と低重心

ヘッドの重心位置が高い場合を「高重心」、低い場合を「低重心」という。ドライバー、アイアンとも低重心の方が、球が上がりやすい

PART2

力を入れる位置

ダウンスイングの途中でフルパワーにする

瞬間的に力を入れる位置を知っておこう

ダウンスイングの途中、クラブが地面と平行になった辺りで瞬間的に力を入れる

早めにインパクトの形にする

スイングで最も力を入れる場所がどこかご存じですか？　ほとんどの人は、「インパクト」だと思っているようですが、実際はダウンスイングで、クラブが地面と平行になった辺り。ここで力を入れることで、インパクトに向けてヘッドが加速します。

もうひとつ大事なのは、力を入れると同時に、早めに打ち切る意識を持つこと。そうすることで、インパクトでフェースが真っ直ぐに戻ります。

POINT

インパクトで最大になるように加速する

ダウンスイングの途中で力を入れることで、インパクトに向けてヘッドが徐々に加速していく。インパクトで力を入れていては間に合わない

POINT

早い段階で打ち切ることが大事

力を入れると同時に、打ち切るイメージで。そうすればインパクトでフェースがスクエアに戻る。ヘッドのスピードは速いので、早めに打ち切る意識が必要だ

フェース開閉の真実

開いて閉じるはNG。フェースは〝閉じて開く〟

フェース開閉のイメージ。閉じておいたフェースをインパクトでは開くというのが今どきの常識。この方がフェースをコントロールしやすい

ARCHIVIO
手のひらが下向きの閉じた状態から
開いてインパクトするイメージ

開いていたフェースを閉じて使うというのは、昔の考え方。面は手先で閉じることができるが、コントロールがしにくく方向性も不安定になる

ARCHIVIO
手のひらが上向きの開いた状態から
閉じてインパクトするイメージ

身体を使えばフェースは開く

「バックスイングではフェースを閉じる」という話をしましたが、その理由は、ダウンで身体を使うとフェースが開く方向に動くからです。

多くのアマチュアは、その開きを抑えるために手先でフェースを返そうとしますが、面を真っ直ぐに戻すのは至難の業。それならば、「面が開いてもインパクトでは真っ直ぐになるように、閉じておきましょう」というのが今どきのセオリーです。その方が身体も使えるし、フェースコントロールもしやすくなります。

OK

閉じて上げた面をインパクトで開く

身体を使えばフェースが開くという原則を利用し、バックスイングで閉じておき、インパクトで真っ直ぐに戻す。この打ち方をすれば、自然とハンドファーストにもなる

NG

手先で操作すると面が安定しない

開いたフェースを手先の操作で真っ直ぐに戻すということを多くのゴルファーがやろうとしている。しかし、この打ち方だと、面が安定せず、身体も使えない

シャフトプレーンはワンプレーン

構えたシャフトの角度を意識してクラブを動かす

ゴルフ用語集
シャフトプレーン

アドレス時にできるシャフトの傾きを基準にした平面。プレーンとは面のことで、番手によって傾きは変わってくる

プレーンに沿って上げて下ろす

構えたときのシャフトの傾きによって生まれるのがシャフトプレーン。スイング中は、ひとつの面（ワンプレーン）を意識して、シャフトプレーンに沿ってクラブを上げ、ダウンスイングもそのプレーンに沿って下ろすようにしましょう。

シャフトプレーンを意識してスイングすれば、スイングの軌道が狂うことがなく、ヘッドがアドレスしたときの位置に戻ってくるので、安定したショットが実現します。

ひとつの平面を意識する

シャフトの傾きによってできた平面を意識しながら、 それに沿ってクラブを上げて下ろす

フィニッシュ
姿勢

フィニッシュは右肩を下げて胸を張る

正しいスイングをすれば
フィニッシュもカッコいい

右肩が下がっていて、胸を張った理想のフィニッシュ。カッコいいフィニッシュにすることが大事

最後は決めのポーズで

フィニッシュは、わざわざ作りにいくものではありませんが、正しいスイングをしていれば、フィニッシュも自然と決まります。

理想は、右肩が下がって胸を張った形。それに対し、打ち終わったあと上体が前に突っ込んだり、身体全体がのけ反るような形になるのは、スイングに問題ありと思っていいでしょう。

特に大振りの必要がないアイアンショットは、カッコいいフィニッシュを目指してください。

POINT

カッコいい フィニッシュは 右肩が下がっている

フィニッシュで右肩が上がっている人を見かけるが、カッコ良くない。右肩が下がった位置に収まるようにしよう

NG

のけ反っても ボールは上がらない

上体がのけ反ったフィニッシュもアマチュアに多い。ボールを上げようという意識が強いとこうなりやすい

NG

身体の突っ込み 過ぎに注意

よく見かけるのが、上体が前に泳いでいるようなフィニッシュ。身体が前に突っ込み過ぎている証拠

PART2

スイングの力感

飛ばしたいときほど肩がすくまないように

首を伸ばせばすくみが収まる

「思い切って振りましょう」というと、肩が持ち上がる、いわゆる肩がすくんでしまう人がいますが、これは最悪です。肩がすくむと胸に力が入らなくなり、当たらないし、飛ばなくなってしまうからです。

肩は〝なで肩〟が理想。ただ、無理に肩を落とそうとしても、スイング中、急に肩のすくみが訪れることもあるので、首を伸ばすようにしましょう。そうすれば、すくむことなく、スムーズにスイングができるようになります。

OK

常になで肩を意識する

ゴルフスイングは、なで肩で行うのが理想。ゴルフのときだけでなく、普段の生活でもなで肩を意識していれば、肩がすくむことが少なくなる

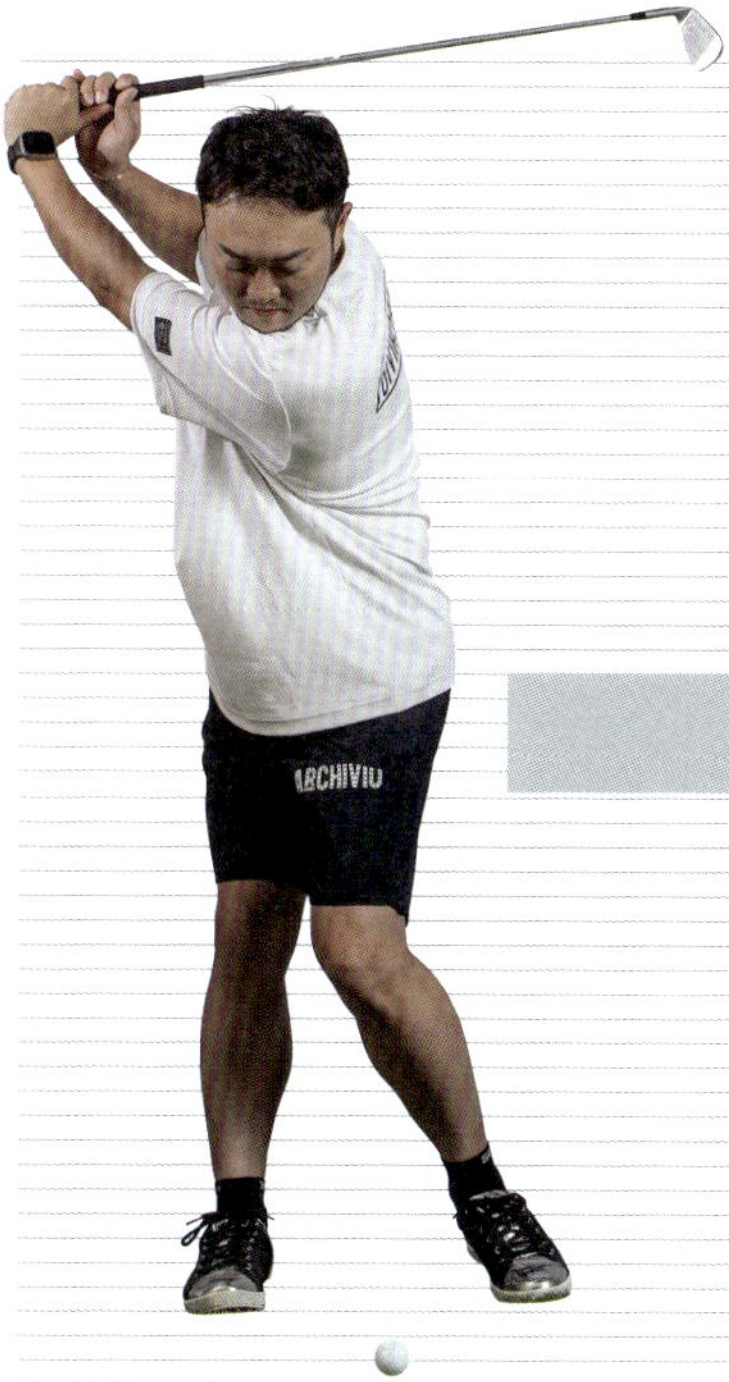

NG

肩がすくんだら首を伸ばす

肩がすくむと胸に力が入らなくなり、飛距離が落ちる。すくみを解消するためには、無理に肩を落とそうとするのではなく、首を伸ばす意識を持つといい

浦MEMO

“脱力”の勘違い

「脱力しましょう」というと、ほとんどの人は思い切り力を抜こうとしますが、これは間違い。普段の状態が50で、力を入れた状態が100ならば、“脱力”というのは50にすること。つまり、普通の状態でやりましょうということなのです

COLUMN
コラム

まともに当たらなくても積極的にコースを回りましょう

「初心者は、最低限ボールが打てるようになってからコースに出るべき」。ベテランゴルファーの中には、そんなことを言ってくる人もいるようですが、その言葉を真に受ける必要はありません。コースに出た方が上達は早いので、積極的にラウンドしましょう。

もしプレーをしていて、後ろの組に迷惑がかかりそうになったら、途中でボールをピックアップして次のホールに行けばいいだけ。それこそ迷惑がかかりそうだと思ったら、ホールごとパスしても構わないのです。

もちろん、スコアをきちんと付ける必要もなし。とにかくコースに慣れること、楽しくプレーすることに専念してください。

そして18ホールを、パスすることなく、また人に迷惑をかけることなく回れたときが、記念すべき“脱初心者”。このことをきちんと理解してくれる人とプレーを楽しみましょう。

PART

3

最速上達スイング作り

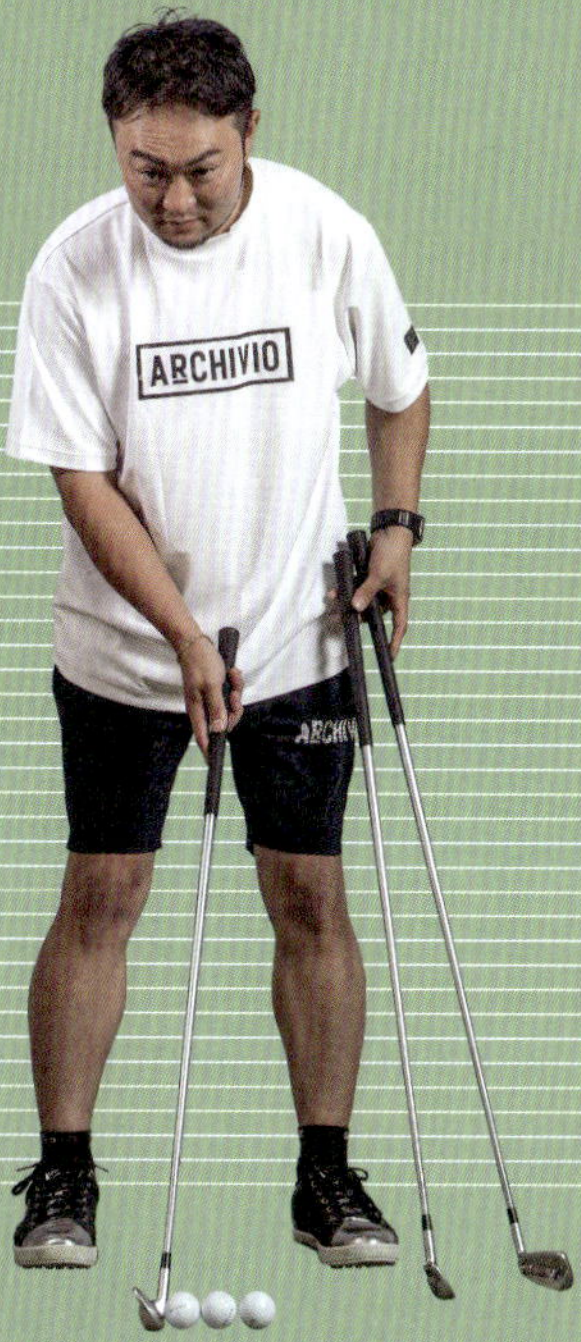

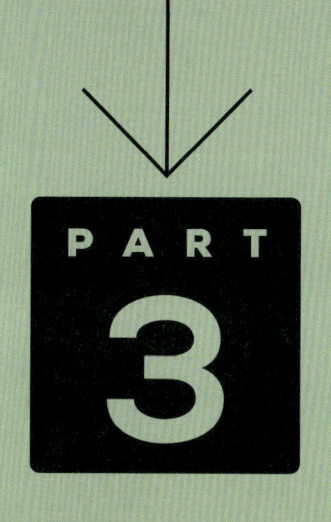

PART3

スイングの流れ

9番アイアンを使ってボールを叩くことを覚える

ゴルフで大事なことはボールを叩くこと

どうすればボールをきちんと叩けているかを考えながら練習しましょう

9番アイアンを使います！

目的をハッキリさせよう

ゴルフというのは、目の前でじっとしているボールを叩くスポーツです。当たり前のことですが、そのことを理解していないゴルファーがたくさんいます。ほとんどの人が、「どうやってボールを打つか」ということよりも、「どうすればきれいなスイングになるか」ということに気を取られ過ぎているように思います。

大事なのはボールを叩くこと。最速で上達するためにも、まずはボールを叩くことを覚えましょう。

浦大輔流スイング作りのコツ

1 地面を上から右手で叩く

2 地面をヨコから右手で叩く

3 両手で地面をヨコから叩く

4 地面にある紙やティッシュを叩く

5 ボールを置く位置を知る

6 スタンスの基準を知る

7 8の字素振りを行う

8 スイング軌道ドリルと握り込みドリルを行う

右手で
地面を叩く

地面を叩くことで気持ち良く叩ける場所を知る

地面を上から右手で叩く

右手（利き手）でクラブを持ち、何も考えず上からドンと地面を叩く

ゴルフ練習の第一歩

最初にやって欲しいのは、右手でクラブを持ち、振り下ろして地面を叩くこと。ボールではなく地面を叩きます。何も考えずに、クラブを振り下ろせばＯＫ。クラブの握り方なども気にしなくて大丈夫です。

次に、同じく右手でクラブを持って、ヨコから地面を叩きます。最初の「上から」より、多少ゴルフらしくなってきましたが、この動作も何も考えずに、地面を叩いてください。「きれいに振ろう」とか、「同じとこ

地面をヨコから右手で叩く

次にヨコから地面を叩く。これも何も考えずにやればOK

ろを叩こう」というようなことはしなくて構いません。

なぜこのようなことをするのでしょうか？ その理由は、地面を叩くことによって、自分にとって叩きやすい場所が分かってくるからです。そしてこれをやることで、その人のクセも見えてきます。

ボールは、本来、だいたい置く位置が決まっているのですが、その位置と、自分が気持ち良く叩ける位置とがどれだけ離れているのかを、地面を叩くことで知ってください。

POINT

ボールを叩く意識を高める

地面を叩くことは、ゴルフがボールを叩くスポーツであることも教えてくれます。美しいスイングで飛ばすのではなく、叩くことで飛ばすのです。

両手でクラブを持ちヘッドを落とす練習をする

両手で地面をヨコから叩く

両手でクラブを持って地面を叩く。スイングの形などは考えなくていい

大事なのはどこを叩いているか

右手だけで地面を叩いたあとは、両手でクラブを持ち、地面を叩く練習をします。ボールを打つのはまだ先です。

この時点では、皆さんがイメージしているような、きちんとした〝スイング〟をしなくて大丈夫です。形はどうでもいいので、クラブを振り上げて地面を叩きます。叩いたらそこで終わりです。ここでも、「どれだけ強く叩いたか」ということよりも、「どこを叩いているか」に注目するよ

地面にある紙やティッシュを叩く

紙やティッシュを地面に置くことによって、打点をより明確にする

うにしてください。

次に、紙かティッシュペーパーを地面に置いてそれを叩き、どこを叩いているかをより明確にします。今使っている9番アイアンで気持ち良く振ったとき、どの辺りで地面に当たっているか。

自分のクセを知ったあとは、叩く位置を正しいボール位置に寄せていくわけですが、それは次のステップ。地面を叩くことによって、ゴルフがボールを叩くスポーツだということをしっかり認識してください。

POINT

ボールを叩く意識で地面を叩く

両手で叩くときもスイングの形のことは考えなくて構いません。ただし、実践に近づけるために、ボールを叩くイメージでヘッドを下ろしましょう。

ボールの位置の基準は7番アイアンで作る

クラブの種類によってボールを置く位置が変わる

9番アイアン

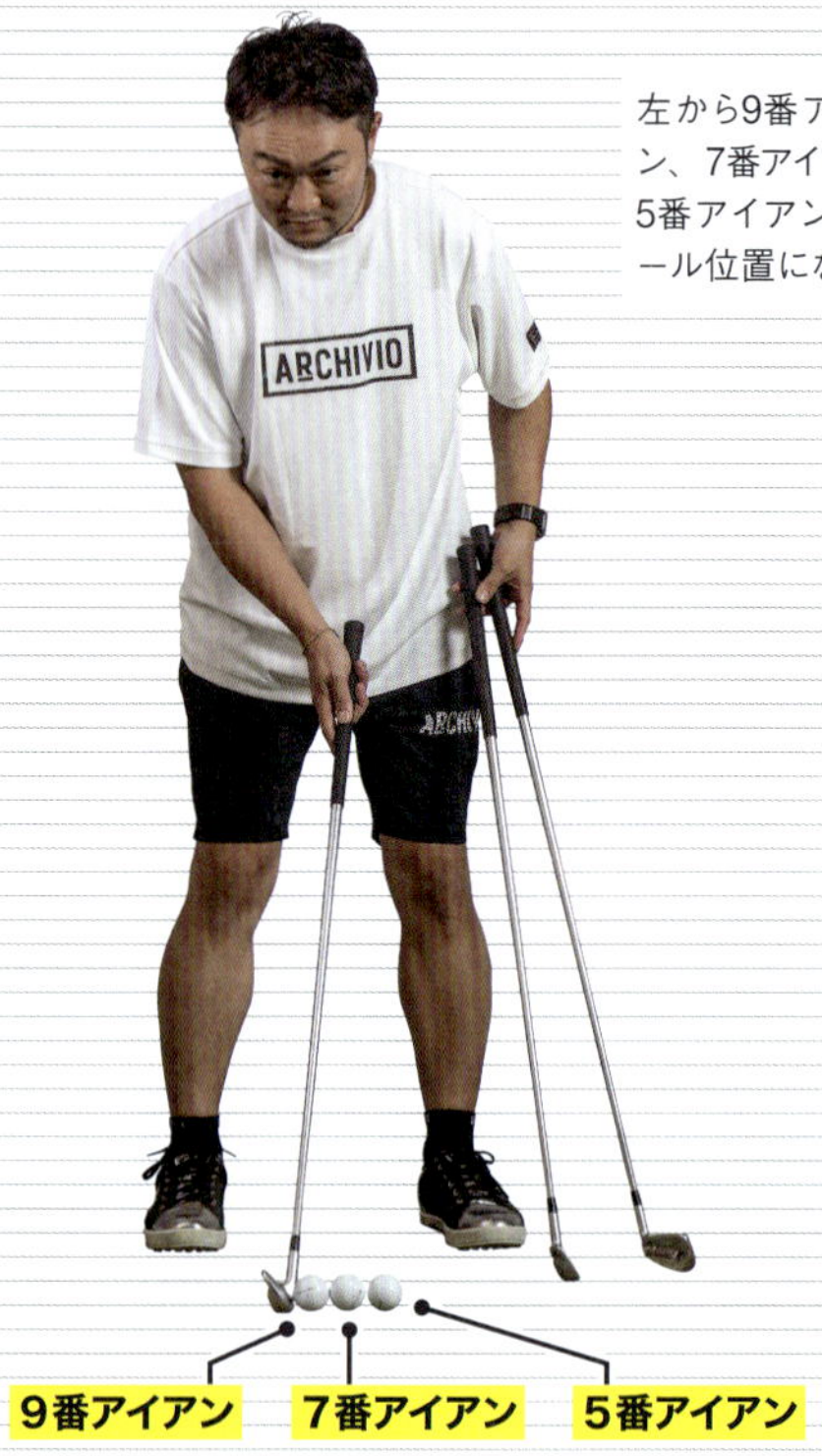

左から9番アイアン、7番アイアン、5番アイアンのボール位置になる

1番手でボールは半個分ズレる

ボールを置く位置は、スイングやスイングの速さによって変わってきます。だから正解というものはありません。ただ、基本のボール位置があるので、紹介しておきましょう。

まず7番アイアンのヘッドをスタンスの真ん中に置き、その前にボールを置きます。これが基準点。ここから番手ひとつでボール半個分ずつ左右にずらしていきます。例えば5番アイアンなら7番よりもボール1個分左になります。

5番アイアン

7番アイアンより
ボール1個分左。
UT、FWも同じ
位置になる

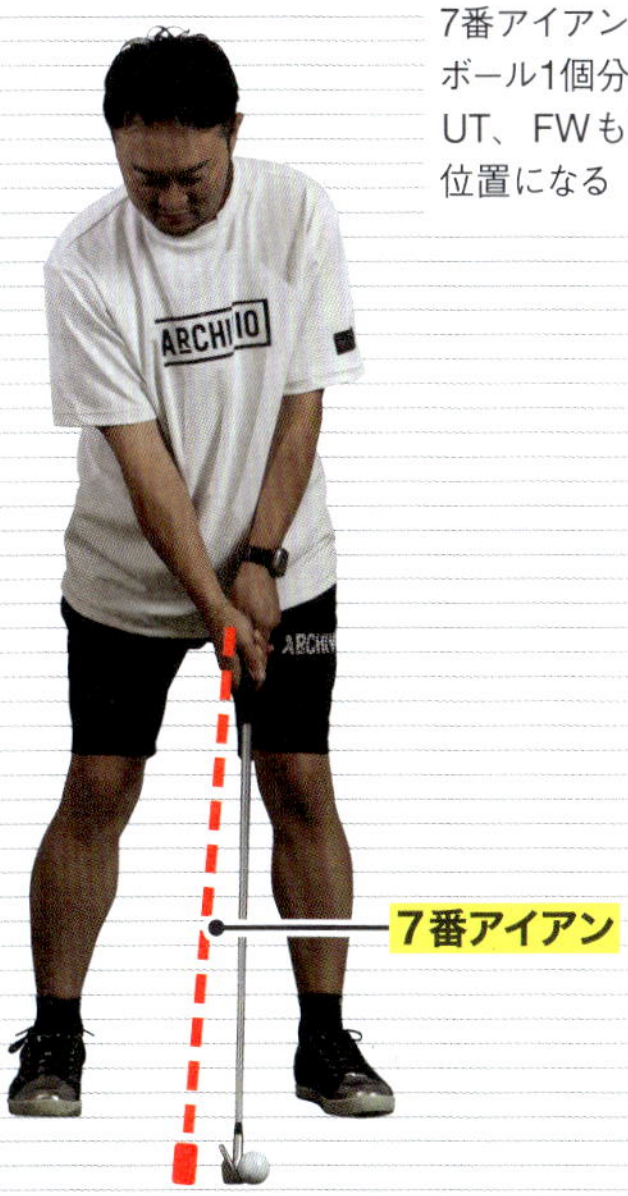

7番アイアン

ヘッドを真ん中に
置いてこれにボー
ルをセット。これ
が基準となる

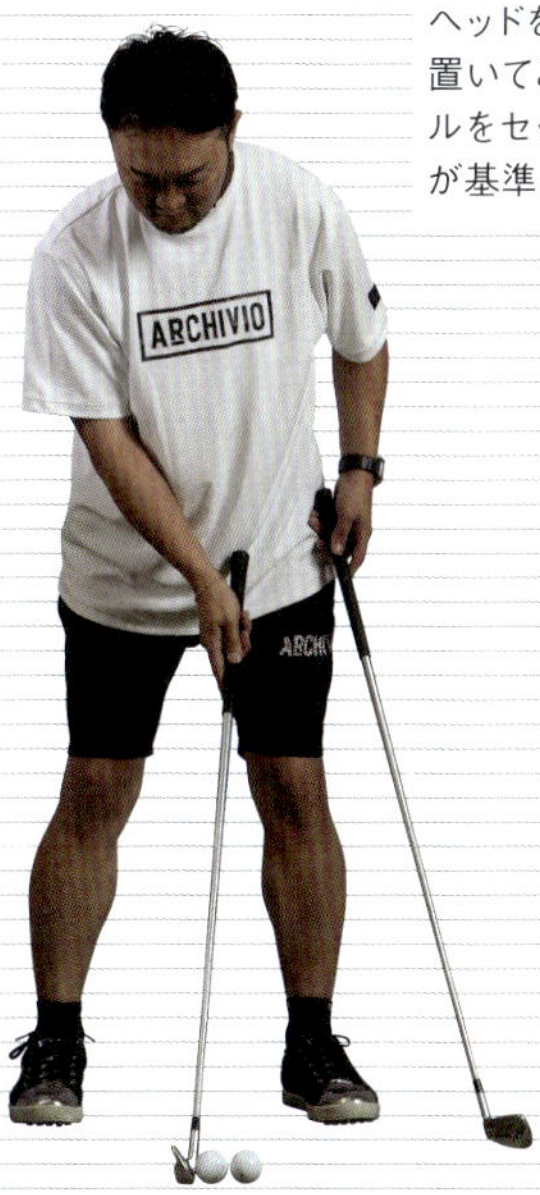

ウェッジ

9番よりも短いクラ
ブは9番と同じ。
これ以上右に置く
ことはない

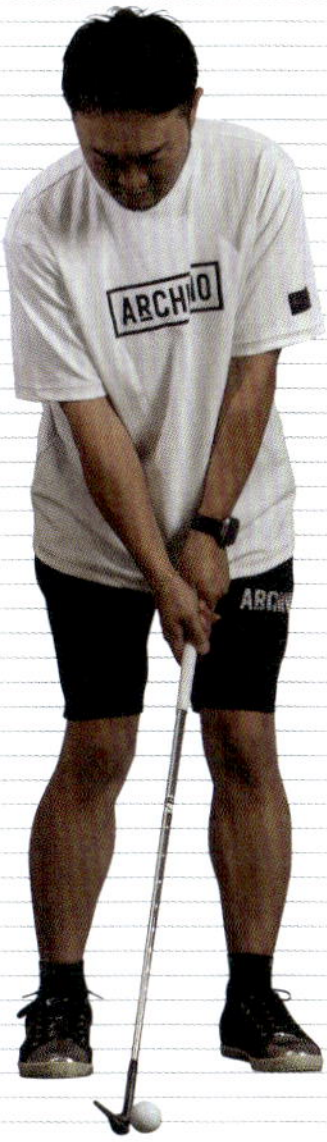

ドライバー

ティーアップするド
ライバーだけは別
物で左足カカト線
上にセット

自分にとってのベストポジションを知る

アライメントスティックとボールで物差しを作る

2本のアライメントスティックを重ね、それに沿ってボールを並べる

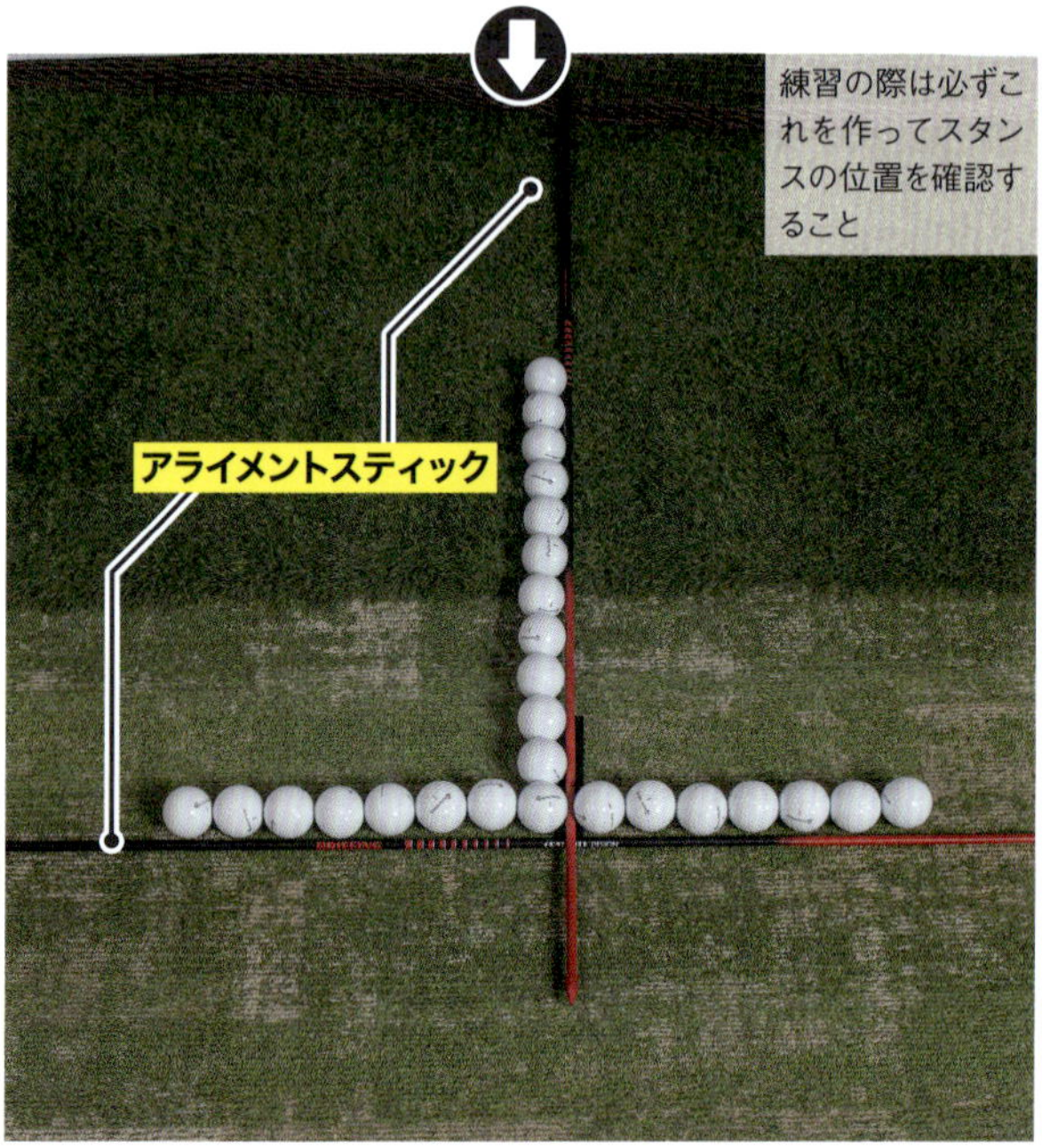

練習の際は必ずこれを作ってスタンスの位置を確認すること

構えたあと足の位置をボールで確認

構えたあと、左右のツマ先が真ん中からボール何個分のところにあるか、両足のツマ先のラインがボール何個分のところにあるかを確認。これで基準ができる

番手によってスタンス幅を変える

番手によってスタンス幅とボールまでの距離を変える。基本的に、クラブが長くなるに従って右足を広げる。左足はほぼ固定。ボールとの距離は遠くなる

9番アイアンの場合右足は中央から4個目

足の位置は人によって異なるが、9番アイアンの場合、右足は真ん中から4個目、左足は5個目辺り。これでボールを打ってみてベストポジションを探していく

ボール位置の大切さを知ろう

自分にとって最適なボール位置を知るための練習法を紹介しましょう。

写真のように、2本のアライメントスティックを十字に重ね、それに沿ってボールを並べます。タテ12個前後、ヨコ15個前後が目安です。

そして、番手によって足の位置を決めます。まずタテのスティックの先にボールを置いて打ち、ナイスショットが出たときの左右のツマ先と両足のツマ先のラインがボール何個目だったかを記録します。そして次の練習の際は、それを基準にボールを打ち、微調整していきます。

さらにこれを、練習をやるたびに実践し、毎回ナイスショットが出る位置を記録していけば、番手ごとのベストポジションが見つかります。

8の字素振りで手首の動きを覚える

8の字素振りをやればヘッドの動きも理解できる

手首の動きだけで8の字を作れば、手首の使い方がマスターできる

8の字のイメージでボールを打つ

きれいな8の字を描けるようになったら、徐々に直線運動に移行していき、最終的には8の字のイメージでボールを打ってみよう

手首を使って8の字を作る

初心者はもちろん、クラブの使い方に不安がある人にぜひやってもらいたいのが「8の字素振り」です。

その名の通り、身体の正面で8の字を書くようにヘッドを動かす素振りで、まず右側にフェースを閉じるような感じでヘッドを動かし、円を描いてからフェースを開きながら元に戻します。そのまま左サイドに振っていき、同じように円を描いて元の位置に戻して2週目に入ります。

ポイントは、身体の動きで8の字を描かないこと。手首でヘッドを動かすようにしてください。

8の字が描けるようになったら、8の字を徐々に直線的にしていき、それと同時に振りを大きくして、実際にボールを打ってみましょう。

ハーフウェイバックとダウンで同じ形になっているかを確認

スイングの軌道とフェースの向きをチェック

ハーフウェイバック
バックスイングもダウンスイングもクラブが地面と平行になったときが大事
アドレス
アライメントスティック

軌道通りにスイングする

クラブが正しい軌道に沿って振られているか、また、フェースコントロールがきちんとできているかを確認するための素振りです。

両足のツマ先に合わせて2本のアライメントスティックを置きます。ここから普通にバックスイング。クラブが地面と平行になるところに上がってきたときに、クラブがアライメントスティックに重なっているか、フェース面の角度が前傾角度と一緒になっているかを確認します。

フォロースルー

フォローは止める必要なし。ほぼ真っ直ぐで面が開いていなければOK

ハーフウェイダウン

そのあとトップまで上げて切り返し、ダウンスイングでクラブが地面と平行のところに来たとき、ハーフウェイバック同様、クラブがアライメントスティックと重なっているかを確認します。

ダウンスイングの場合、クラブが身体側から下りてくるので、アライメントスティックよりも少し内側に入ってきますが、ほぼ重なるはず。またこのときも、フェース面の角度が前傾と同じになっているかを確認しましょう。

さらにフォロースルーでも、クラブが地面と平行になったときに、アライメントスティックに重なるかどうかをチェックしてください。

クラブの扱いが上手くなる“握り込み”ドリル

トップで握り込むことで
切り返しのタイミングも覚える

トップで手を開き、右手親指と人差し指、左手小指でクラブを支える

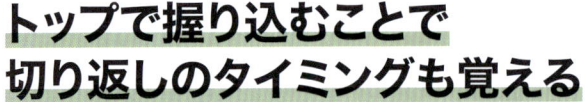

両手を握り込むと同時に左への体重移動と腰の回転をスタートさせる

3点でクラブを支える

クラブを自在に操れるようになるためのドリルです。

普通にグリップしてトップまで上げたら、右手の親指と人差し指、左手の小指以外を、手を開くようにグリップから離し、3本の指でクラブを支えます（32ページ）。

次に、一度離した指を、グリップを握り込むように元に戻し、握り込んだ瞬間に左への体重移動と腰の回転をスタートさせます。

離してから握り込む動きというのはかなり難しく、慣れるまでは時間がかかりますが、これをマスターすることで、クラブの扱いが格段に上手くなります。左足に踏み込むまでの動きなら室内でもできるので、時間があればやるようにしましょう。

COLUMN
コラム

キャディーさんの役割をきちんと理解しよう

ベテランゴルファーの中には、キャディーさんのことを召使いだと思っている人がいます。遠くの方から「7番アイアンを持ってこい」と大声で怒鳴ったり、自分で荒らしたバンカーをキャディーさんにならすように指示したり。中には、キャディーさんにラインを聞いておいて、その読みが外れていると（たいていの場合は、打ち方が悪いのですが）、「キャディーのせいで外れた」とわめく人もいます。

そういうゴルファーを見て、「キャディーさんって、召使いみたいなものなのか」と思ってしまう若い人もいるようですが、本来は、コースの説明をしてくれたり、アドバイスをしてくれるために寄り添ってくれる人。決して召使いではないのです。

プレーヤーとキャディーさんの間に上下関係はなく、お互いに協力していいスコアを目指す存在だということを忘れないようにしましょう。

PART

4

飛ばしを生むドライバー

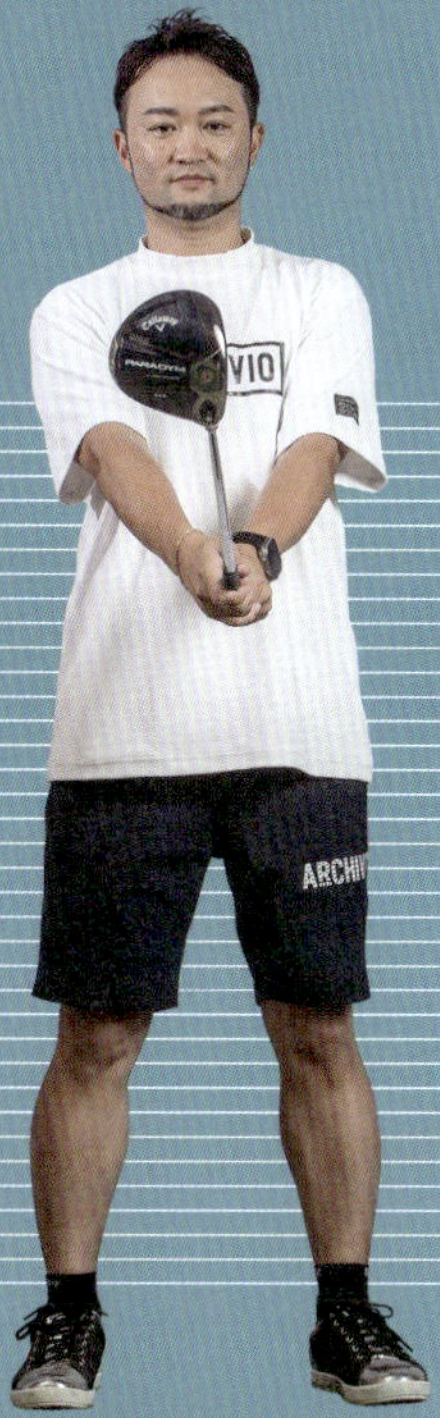

ドライバーショットはさらなる〝飛び〟を目標に

3

バックスイングでは、クラブをできるだけ遠くに上げることが大事。ヘッドの円弧を大きくすることで、働く遠心力も大きくなり、飛距離が伸びる

4

しっかり身体が回ったトップを作る。クラブは地面と平行になっているが、身体が回っていれば、ヘッドが垂れてもOK。大事なのは身体を回すこと

7

クラブが遠心力に引っ張られるが、身体が流れないように。クラブと身体が引っ張り合うのが理想だが、スイング中は意識しなくていい

8

フィニッシュはカッコ良ければそれで良し。右肩が上がらないようにして、胸を張っていればOK。フィニッシュを作りにいく必要はない

飛ばしはドライバーの醍醐味

ご存じのように、クラブの中で最も飛距離が出るのがドライバーです。飛ぶ反面、ミスしたときの曲がりも大きくなりますが、曲がりは後から修正できます。まずは飛ばすことを目標に掲げ、練習に励みましょう。

飛ばすために大事になってくるのは、「スイング作り」のところでもお話ししたように、ボールを叩くこと。ボールを強く叩くことができれば、スイングもカッコ良くなってきます。まずはしっかり叩くことを覚えてください。

1

ボールは左足カカト線上。他のクラブを持ったときよりもスタンス幅は広め。アッパー軌道で打つので、構えたときから少し右肩を下げておく

2

バックススイングのスタートでは、肩、腰、ヒザ、ヘッドと全てを一緒に動かしていく。間違っても、手でヒョイと上げないように

5

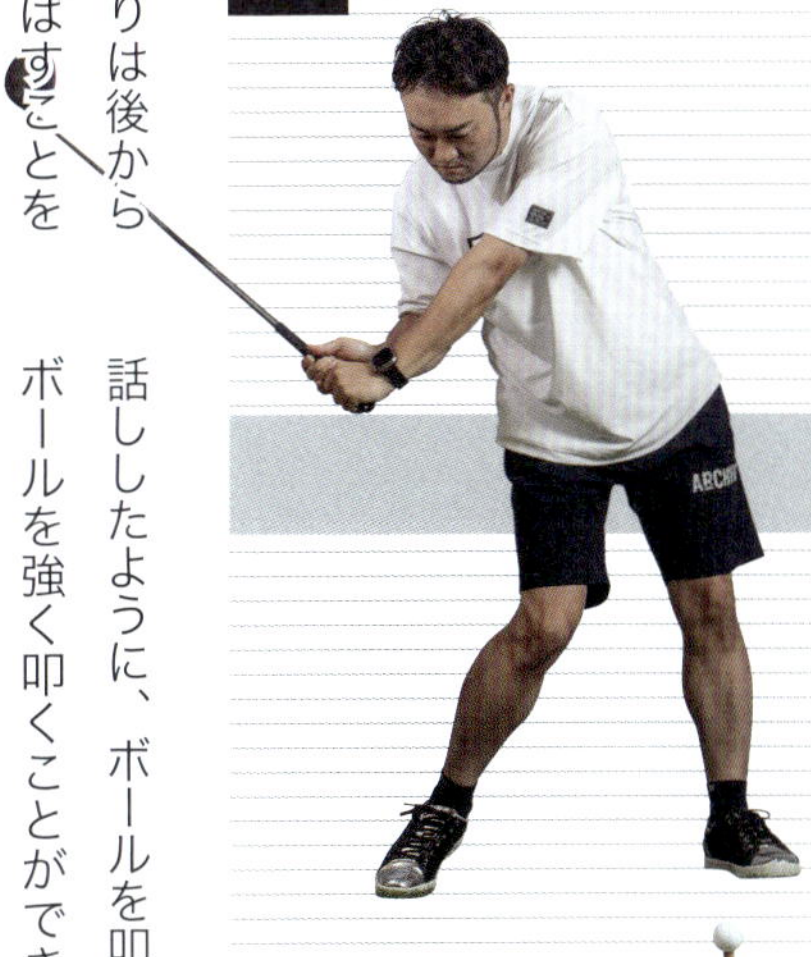

ダウンスイングのこの辺りで出力を全開に。インパクトまでヘッドを加速させていく。また、手元が右腰に来たときに“打つ”意識も持っておこう

6

すでにエンジン全開なので、インパクトでは特に何もしなくていい。どちらかというと、インパクトでスイングが終わるぐらいのつもりで振っていこう

ドライバーはヨコから打つイメージで

ボールの手前で最下点を迎えるようにし、上昇の途中でボールを捉える

アッパー軌道で捉える

ドライバーの場合、ティーアップしたボールを打つので、ヨコから打つイメージを持つことが大事です。具体的には、スイングの最下点からやや上昇している途中でボールに当てる（アッパーブロー）のがベスト。そうすれば、ボールが高く上がって飛距離が出ます。

上から打ち込むダウンブローだと、ロフト角が小さくなって球が上がらなくなり、飛距離が落ちてしまうので注意しましょう。

ドライバーとアイアンとでは インパクトのイメージが異なる

ダウンスイングでは、ヨコから打つイメージでクラブを振り下ろす

NG

上から打ち込むと飛距離は落ちる

上から打ち込むような打ち方をすると、ロフトが立って球が上がらなくなる。ドライバーはアッパーブローで打つのが正解

PART4

ティーの高さ

飛ばしたいときほどティーを高くする

低い球を打つとき用
向かい風が吹いているときなど、球をあまり上げたくないときに使う低めのティー
超低めのFW＆UT用
この高さになると、ドライバーで、アッパーブローで打つのは難しくなる
高さ40㎜
高さ30㎜

曲がるけど飛ぶ

アッパーブローで打つには、ティーを高めにする必要があります。私の場合、普通のラウンドのときでもやや高め（写真の左から2番目。高さ約60㎜）のティーを使いますが、飛距離を競う「ドラコン大会」に出場するときは、それよりも約20㎜高いティー（写真左）を使います。

高ければ高いほど、当てるのは難しくなりますが、芯に当たれば飛距離は確実に伸びるということを頭に入れておきましょう。

ティーの高さは飛距離重視か方向重視かによって決まる

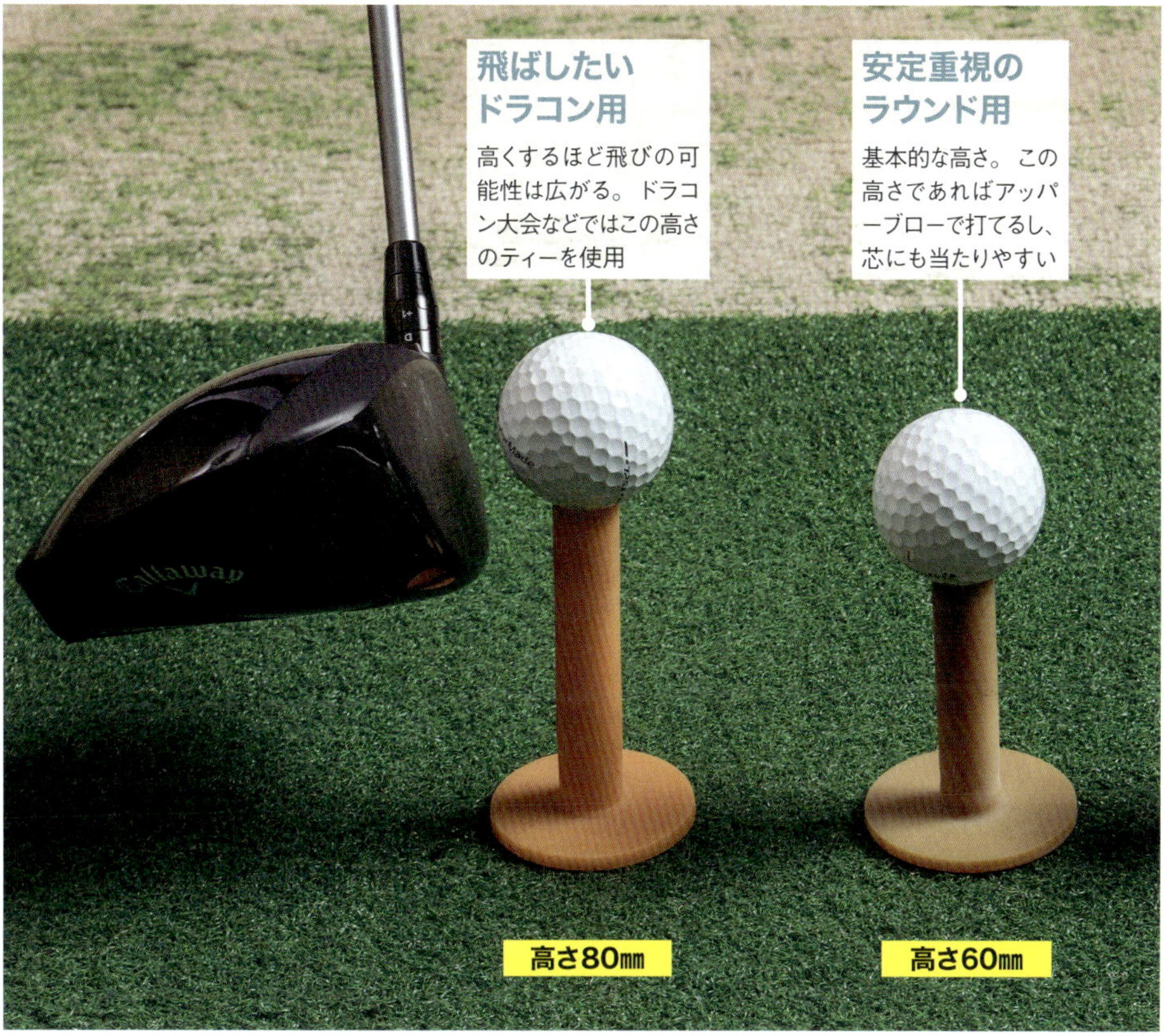
飛ばしたい
ドラコン用
高くするほど飛びの可能性は広がる。ドラコン大会などではこの高さのティーを使用
安定重視の
ラウンド用
基本的な高さ。この高さであればアッパーブローで打てるし、芯にも当たりやすい
高さ80㎜
高さ60㎜

POINT

先っぽだけを地面に刺すのが正解

ティーは、ボールを乗せて倒れないギリギリの高さに。長めのティーを押し込むように刺す人もいるが、そうするとティーの高さが分からなくなる

アドレスもインパクトも体重配分は右6対左4

インパクトも右6対左4

ドライバーショットはアッパー軌道で打つわけですが、そのために、体重配分も構えたときから右6対左4の右足体重にしておきます。そして、右肩を少し下げます。

この右足体重からバックスイングでさらに右足体重になってもいいのですが、インパクトでは右6対左4に戻すのがポイントです。

この6対4を守ることで、理想のアッパー軌道でボールを捉えられるようになるのです。

5：5の体重配分

右5対左5の体重配分だと、ヨコからアッパー軌道で打つイメージが湧かない

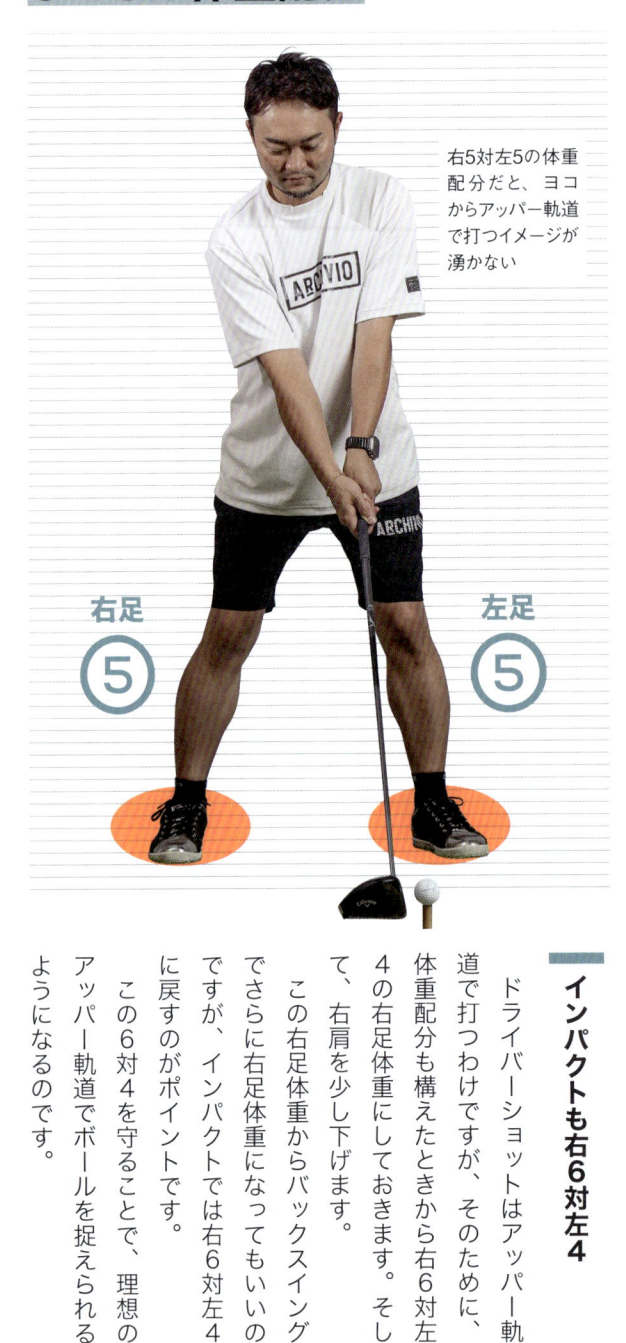

6：4の体重配分

右6対 左4で構える のが正解。そして右肩を少し下げてアッパー軌道の体勢を作っておく

インパクトでは右6対左4に

バックスイングからトップではどれだけ体重が右に乗っても構わないが、インパクトではしっかり6対4に戻す。そうすることで理想のアッパー軌道が実現する

ボールを打つときはコックではなくヒンジを使う

「コックを使え」は間違い

このことはアイアンショットでもいえることですが、ボールを打つときは、38ページで触れたように〝ヒンジ〟（ちょうつがいの動き）を使います。手首を返す動きです。

よく「コックが大事」という人がいますが、コックは手首をタテに使うことで、コックを使ったからといってクラブが速く振れるわけではありません。

何かを引っぱたくとき手首を返すように、スイングでもヒンジを使ってスピードを上げましょう。

OK

手首をちょうつがいのように使う

スイングのスピードを上げるために必要なのは、手首を返す“ヒンジ”。両手とも手首をちょうつがいのように使うことで、大きな飛びが実現する

NG

手首をタテに使う必要なし

「コックを使って飛ばせ」ともいわれるが、コックは手首をタテに折ることで、ヘッドスピードにほとんど影響を及ぼさない。「コックを使え」は間違ったアドバイス

ゴルフ用語集

ヒンジ

ヒンジ（hinge）とは蝶番（ちょうつがい）のことで、開き戸などが開閉できるようにする部品。ゴルフでは手首を蝶番のように使う

飛ばしたいときは大股でアドレスに入る

ボールに近づいてもスピードを緩めずセットする。"かっ飛ばす"イメージを持ち続ける

大股でセットすると、構えも自然と大きくなる。打ち終わったら普通モードに。セカンド地点に向かうときは歩幅、スピードともに元に戻しておこう

ボールに近づいてもゆっくりのテンポを崩さない。静かにボール地点に向かう

構えを小さくする必要はないが、飛ばすときにやっているような大きな構えにならないように注意しよう

力強くアドレスに入る

本気で飛ばしたいと思ったら、打つ前からその雰囲気を出しましょう。ぜひやってもらいたいのが、飛ばしのセットアップ。いつものように後方からターゲットを確認し、他のプレーヤーを圧倒するくらいの大きな歩幅とスピードでボール位置に向かいましょう。そうすることで、「打つぞ」という気分になります。

それに対し、方向性重視で狙うときは、歩幅も狭めで大人しくセットアップ。ゴルフではこのように、メリハリをつけることも大事です。

飛ばすときの大きな歩幅

ホールのレイアウトを確認して、飛ばすか、それとも方向性重視で攻めるかを確認。「思い切り叩く」ことを決めたら、ここから気持ちを盛り上げる

大きな歩幅で、勢いをつけてボール地点に向かう。このときから“飛ばしのオーラ”をまき散らす

通常スイングの小さな歩幅

フェアウェイが狭かったり、左右どちらかにOBゾーンがある場合は、慎重にターゲットを確認し、方向性重視のショットを選択する

アドレス地点に向かうときは狭めの歩幅でゆっくりと。どちらかというと気持ちを落ち着けて向かう

PART4

ベタ足ドリル

ベタ足キープでリストだけで打つ

リストを返しながら強くボールを叩く。インパクト後も前に流れず、ベタ足をキープ

腕を振ることを覚えるドリル

「ボールを叩けといわれても、そのやり方が分からない」。そういう人にオススメしたいのが、〝ベタ足ショットドリル〟です。

グリップエンドのギリギリを、クラブがスッポ抜けないようにしっかり握り、構えたときと同じ、両足をベタッと付けたベタ足のまま、リスト優先でクラブを振り上げ、リストの返しでボールを叩く練習です。

ボールが左に曲がることがあると思いますが、そんなことは気にせず

リストの動きだけでも シャフトはしなる

バックスイングは、ベタ足で上がるところまででOK。しっかりリストを使っていこう

に。とにかくボールを強く叩いてください。

　ポイントは、カカト体重にならないこと。ベタ足というと後ろに体重が行きがちですが、カカトが浮かない程度に前に体重をかけましょう。

　アマチュアゴルファーの多くが、スイングの形にこだわり過ぎて、このように、腕と手首を使って〝強く叩く〟ということを忘れがち。このドリルをやることで、飛ばしにおいて大事なことが分かってくるので、ぜひやってみてください。

浦MEMO

ベタ足で打てば体重移動も抑えられる

ベタ足でスイングすることで、腕の動きが強調されるだけでなく、下半身の動きも抑制される。スイング中、身体が左右に揺れる人にもオススメ

胸の前でドライバーを持ち手首の力でしならせる

OK

支点を固定してシャフトだけをしならせる

胸の前でドライバーを持ち、支点を固定してシャフトをしならせる。このドリルをやることで、手首が鍛えられると同時に、手首の使い方も覚えられる

飛ばしの手首（リスト）を作る

もうひとつ、リストを鍛えるためのとっておきのドリルを紹介しましよう。胸の前でドライバーを持ち、シャフトを立てた状態で左右に揺さぶります。やることはこれだけです。ポイントは、支点がズレないようにすること。胸の前の支点をしっかり固定して、シャフトがしなるように左右に振ってください。

やってみれば分かると思いますが、真剣にやれば10秒ほどで腕の感覚がなくなるほど疲れます。飛ばしに必要なドリルなのでぜひ。

NG

支点が動くと トレーニングにならない

支点となる手元が左右に動いてしまうと、シャフトをしならせることができないし、手首を鍛えるトレーニングにもならない。支点は絶対に動かさないように

COLUMN
コラム

初心者のうちから ルールに縛られる必要なし

「ゴルフはルールが複雑で、覚えるのが大変」と思っている人も多いはず。初心者の中には、そんな“ルールの壁”にぶつかって、プレーの継続を諦めてしまう人もいるようです。

果たして、ルールは覚えるべきなのでしょうか。

結論からいうと、初心者のうちは覚えていなくて大丈夫です。もっといえば、100を切るような中級者でも、競技に出ないでプライベートでやっている分には、ルールに縛られる必要はないのです。

分からないことがあれば、キャディーさんやルールに詳しい人に聞きましょう。初心者のうちは、楽しく伸び伸びとプレーをしていればいいのです。

そして、試合に出るようになってからしっかり覚えればOK。そのころにはゴルフへの理解度も深まっているので、難解なルールもスッと頭に入ってくるはずです。

PART

5

スコアを作る
アプローチ

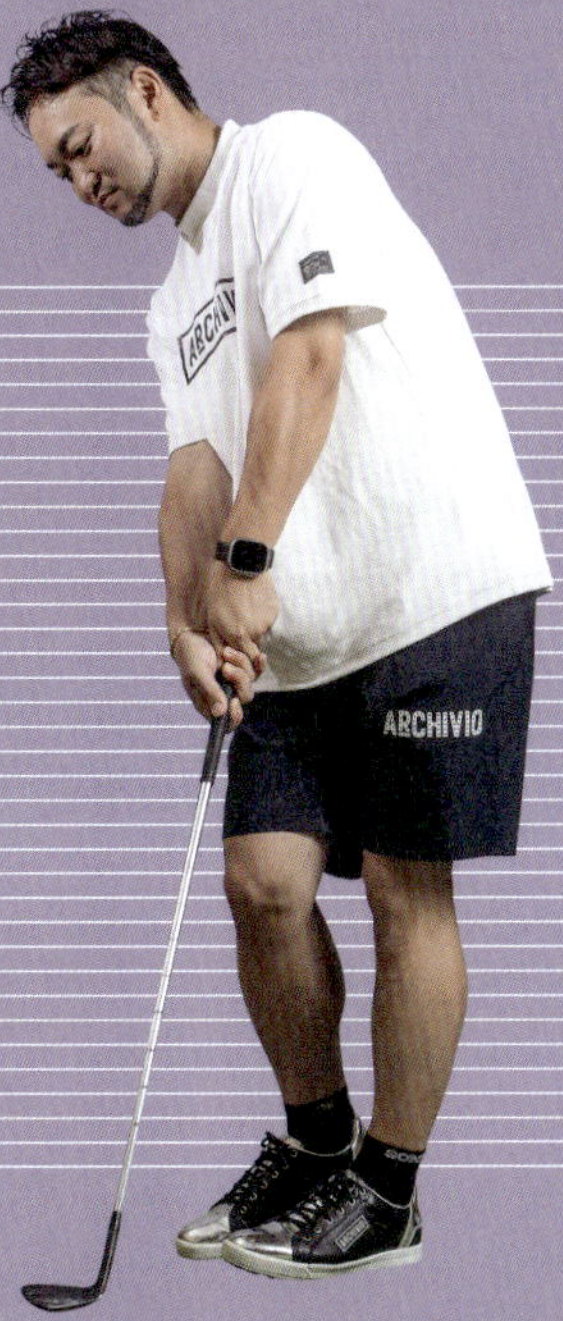

10〜100ヤードの打ち分けができるようにする

10ヤード

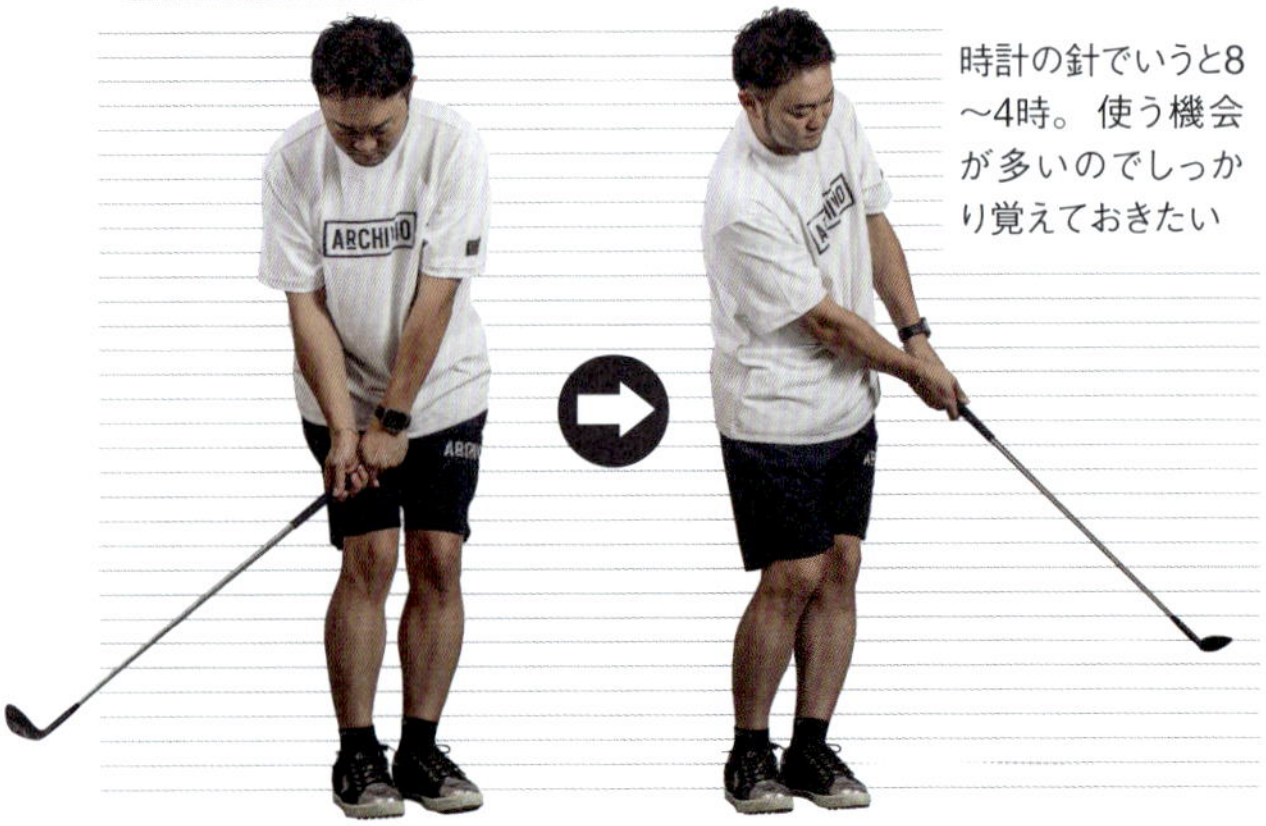

時計の針でいうと8〜4時。使う機会が多いのでしっかり覚えておきたい

20ヤード

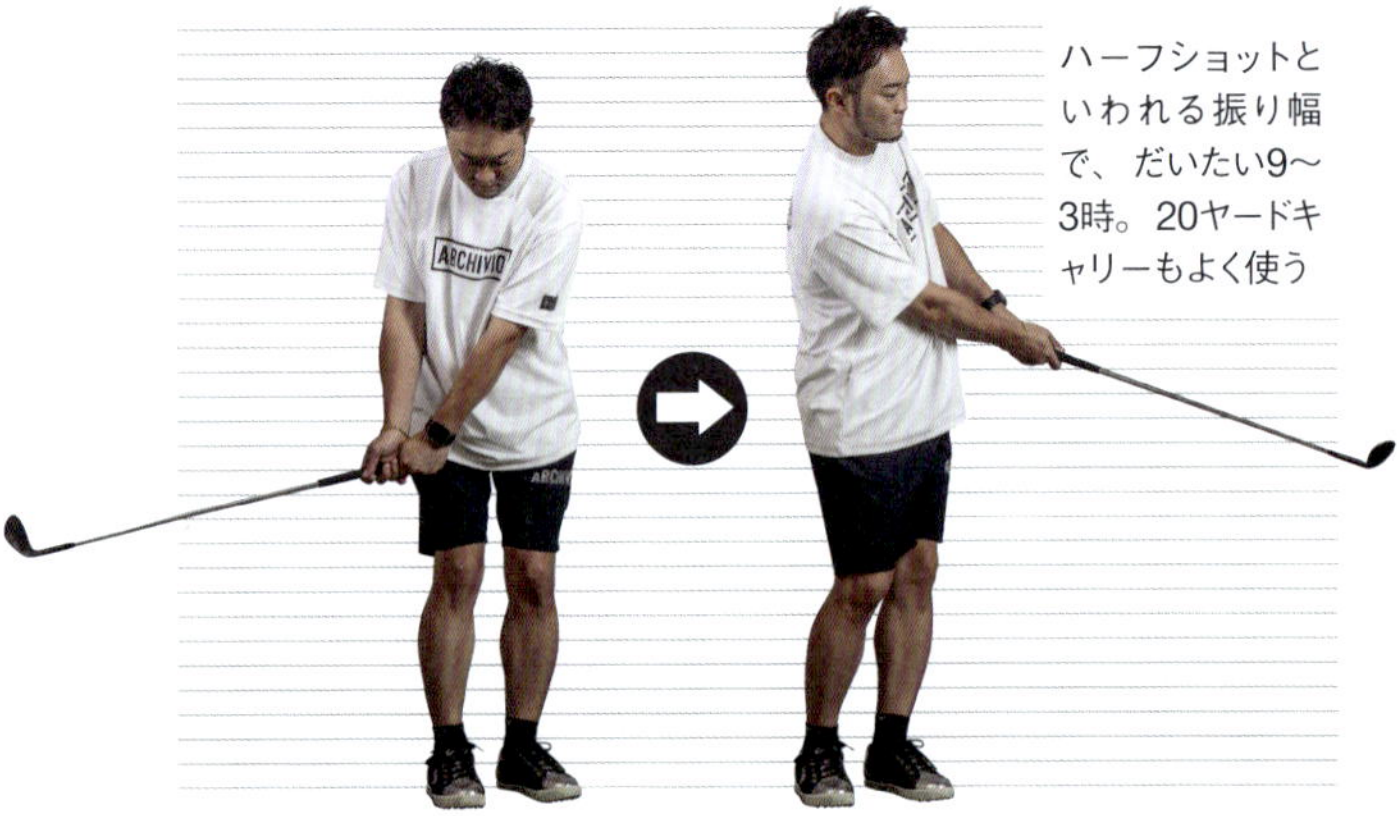

ハーフショットといわれる振り幅で、だいたい9〜3時。20ヤードキャリーもよく使う

10種類の距離感をマスター

どんなレベルの人でも番手によって飛距離が決まっていて、100ヤード以上はその番手で打てばいいのですが、厄介なのは100ヤード以内。この距離をひとつの番手（ウェッジ）で打ち分けるしかないからです。

だからあらかじめ100ヤード内を10ヤード刻みで打ち分ける練習をしておきましょう。当然、10種類の打ち分けが必要になってきますが、これを覚えるだけでスコアは間違いなくアップします。

40ヤード

振り幅は10～2時。中途半端な距離ほどしっかり練習をしておきたい

60ヤード

60ヤードぐらいになると、クォーターショットに近くなる。ここからピタッと寄れば楽

80ヤード

フルショットに近い力感。ただしここも方向性重視で。決して振り切らないように

ボールに当たる瞬間 親指は下を向ける

上に向けるとシャンクに

アプローチで、これだけはやって欲しいという動きがあります。それは、当たる瞬間に右親指を下に向ける動き。こうすることで、フェース面でボールが捉えられるし、ボールのコントロールもしやすくなります。

それに対し、やって欲しくないのは、当たる瞬間に手首を上げる動きです。90台のプレーヤーにも、この動きをする人がいますが、これはヒールに当てにいっているようなもの。シャンクが出やすくなるので、絶対にやらないようにしましょう。

OK

右手親指を下に向ける

インパクトの瞬間に右親指を下に押すようにして打つ。この打ち方をすればボールをしっかり捉えることができ、エネルギーロスが少ない分、正確にボールを運べる

NG

手首をタテに使ってヘッドを上げる

ボールを打った瞬間に手首を使って上に上げる打ち方。一見、上級者っぽく見えるが、自らヒール近くに当てにいっているようなもので、シャンクが出やすくなる

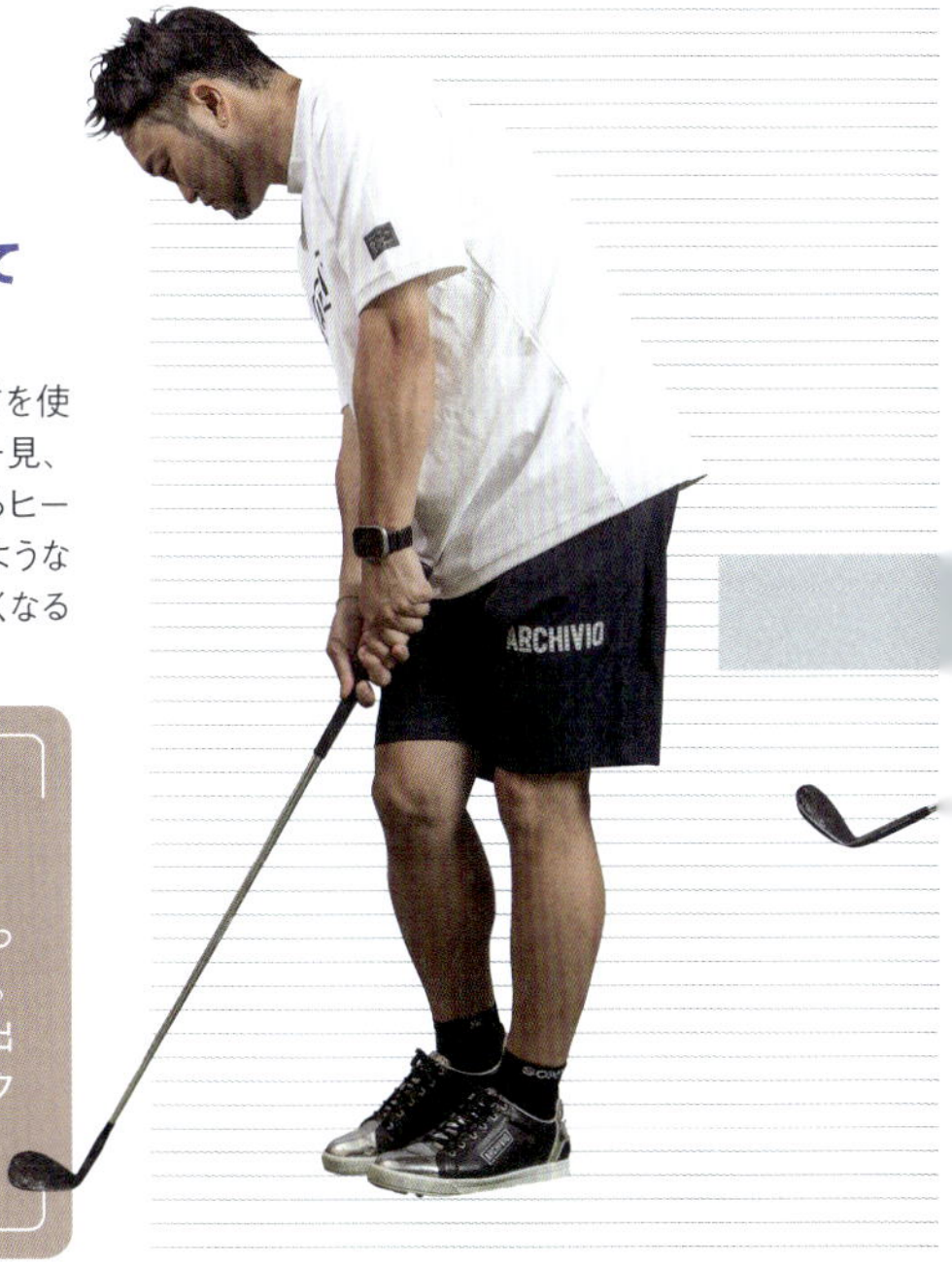

ゴルフ用語集

シャンク

ボールがネックに当たって、右に飛び出す現象。一度出始めると続けて出ることがあり、"シャンク病"に悩む人も多い

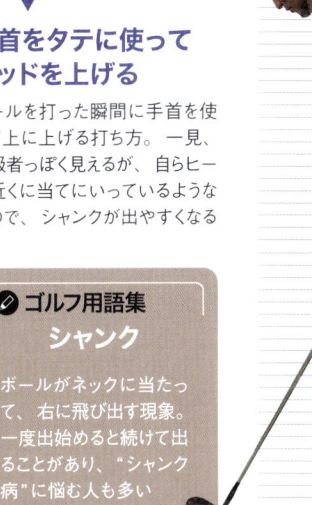

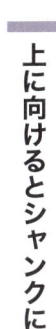

PART5

ヘッドアップドリル

目標を見ながらアプローチショットをする

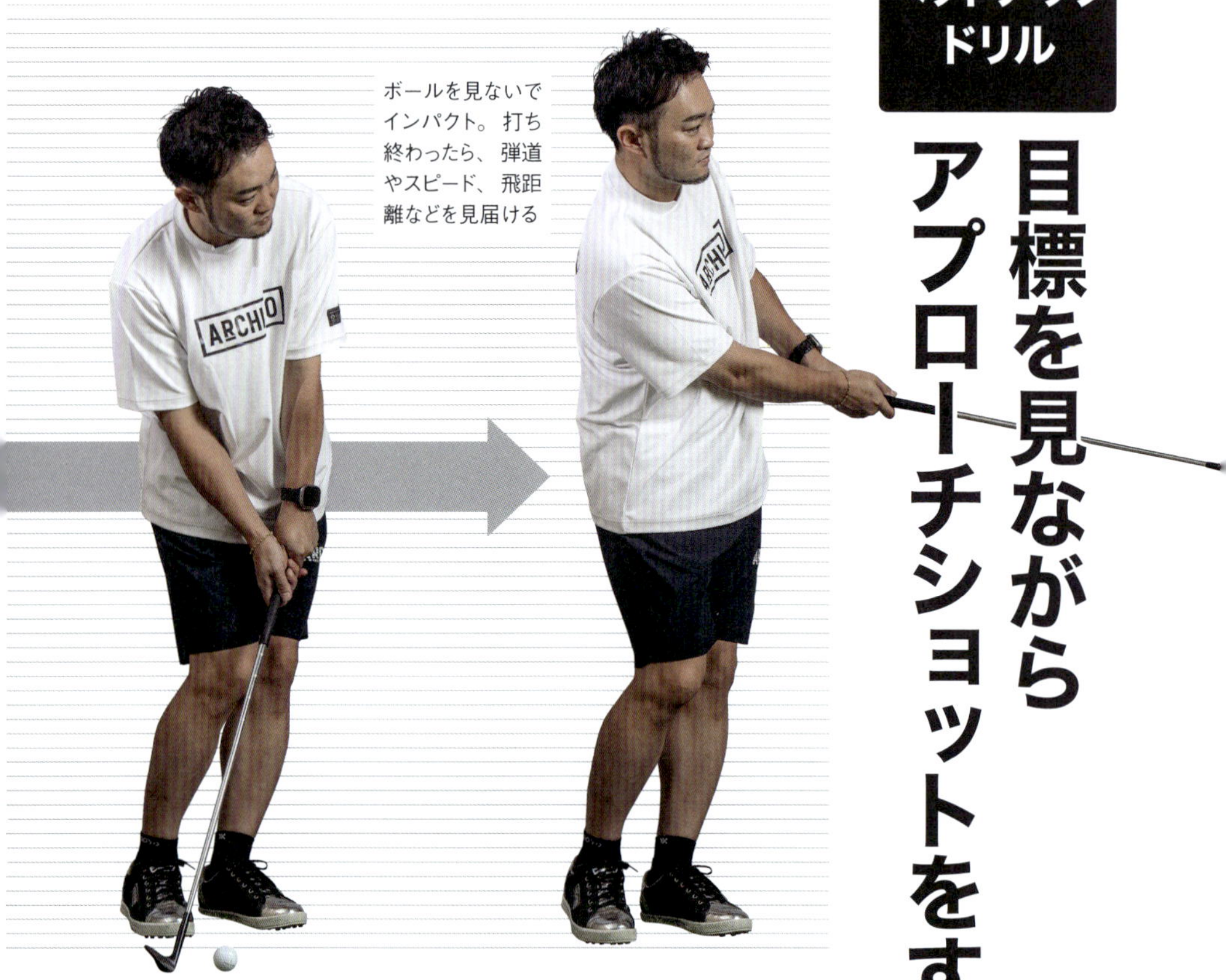
ボールを見ないでインパクト。打ち終わったら、弾道やスピード、飛距離などを見届ける

打ったボールの情報をキャッチ

アプローチの精度を高めるのに効果的な練習法を紹介しましょう。ボールを見ないで、目標だけを見ながら打つドリルです。

シャンクが出ても構わないので、打つ前にボールを見たら、そのあとは目標を見続けて打ちます。長い距離を打とうとすると難しくなりますが、50ヤード前後まではこの打ち方で打てるはずです。

このドリルのメリットは、打った瞬間、ボールの速度や勢い、弾道な

どんな打ち方をしたら
どんなボールになるかが分かる

ボールを見たあと、目標を見て、そのまま目標を見続けてバックスイング
構えたら一度ボールを見て、どこにヘッドを落とすかを確認する

ど全ての情報が頭の中に入ってくること。「この感じで打ったら、こういう球筋であそこまで飛ぶんだ」ということが分かることです。実際、「ヘッドアップしないように」と考えて、下を向いたまま打っていたら、ボールがどんな感じで飛んでいったのか分かりませんよね。

初心者には難しいと思われるかもしれませんが、ほとんどの人は、ゴミ箱にゴミを投げるとき、目標となるゴミ箱を見ながら投げているはず。もちろんクラブでボールを打つということでハードルは上がりますが、やろうとしていることは同じです。

なおこのドリルは、パッティング練習においても効果大。カップを見ながら打つだけで、パッティングが格段に上手くなります。ぜひ試してみてください。

PART5

片手打ちドリル

片手打ちをするときは左右の手の同調も意識

打ち終わったあとも胸を押し続けることで、しっかり身体が回る

胸を押しただけできれいなフォローに。難しい片手打ちだが、これだけで易しくなる

同調しなければ効果なし

ほとんどのゴルファーがやっている片手打ちですが、その正しいやり方を紹介しましょう。

片手でクラブを持ったら、空いている方の手はクラブを持っている方の手と同じ力感で胸を押します。これが正しいやり方です。

空いた手で胸を押すのは、両手の同調が取りやすくなるからで、別の箇所に置くのはNG。片手打ちをやるときは、必ずこの方法でやるようにしてください。

左手で胸を押しながら右手で片手打ち

左手はクラブを持つ右手と同じ力感で、胸を押す。そうすることで手と身体が同調する

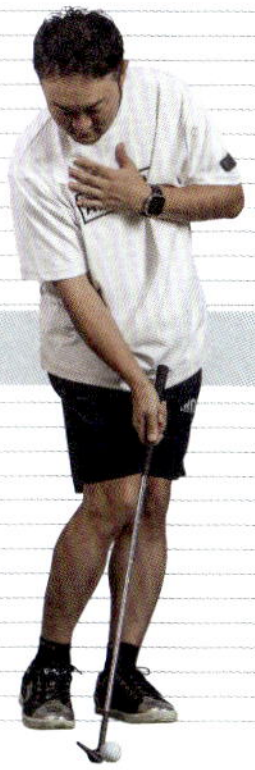

右手で胸を押しながら左手で片手打ち

左手片手打ちのときも、右手は左手と同じ力感で胸を押すことで同調が生まれる

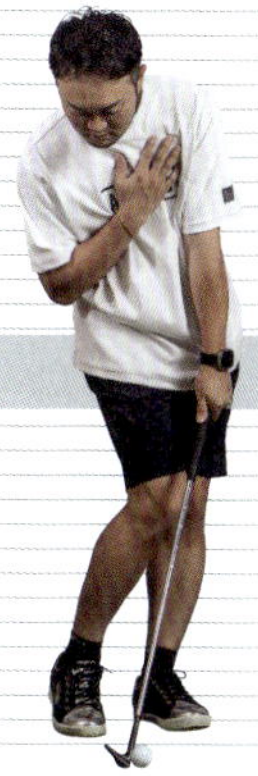

NG

こんな片手打ちならやらない方がいい

片手打ちのとき、空いている手をクラブを持つ手に添えたり、腰に回す人もいるが、ほとんど無意味。片手打ちの効果も期待できない

予約《よやく》が取《と》れないレッスンプロが教《おし》える
ゴルフ1年生《ねんせい》のためのスイングの教科書《きょうかしょ》

2024年10月2日　初版発行

著者／浦《うら》　大輔《だいすけ》

発行者／山下　直久

発行／株式会社KADOKAWA
〒102-8177　東京都千代田区富士見2-13-3
電話　0570-002-301（ナビダイヤル）

印刷所／TOPPANクロレ株式会社

製本所／TOPPANクロレ株式会社

●お問い合わせ
https://www.kadokawa.co.jp/（「お問い合わせ」へお進みください）
※内容によっては、お答えできない場合があります。
※サポートは日本国内のみとさせていただきます。
※Japanese text only

定価はカバーに表示してあります。

ISBN 978-4-04-607220-7　C0075